Gestão Por Processos Na Prática

Claudio Pires

Esse livro está à venda em
http://leanpub.com/gestaoporprocessosnapratica

Essa versão foi publicada em 2024-06-24

Esse é um livro Leanpub. A Leanpub dá poderes aos autores e editores a partir do processo de Publicação Lean. Publicação Lean é a ação de publicar um ebook em desenvolvimento com ferramentas leves e muitas iterações para conseguir feedbacks dos leitores, pivotar até que você tenha o livro ideal e então conseguir tração.

© 2021 - 2024 Claudio Pires

"Bom dia meu bem, durma bem meu amor. Que Deus olhe por vocês. Hoje, estou indo trabalhar; o que posso fazer. Eu ficaria perdido e solitário, se não fossem vocês duas. Então, mantenham os olhos fechados. Está tudo bem agora." – Tom Petty, "Alright For Now".

Conteúdo

MISSÃO 1

VISÃO 2

NA PRÁTICA 3

Apresentação das Edições 5
    A edição de 2018 5
    A edição de 2019 5
    A edição de 2020 6
    A edição de 2021 7

PARTE I O PROCESSO DEFINIDO 8

O que é Gestão? O que são Processos? 9
    Gestão 9
    Por Processos 10
    Na Prática 12

O que são Sistemas? O que é um Negócio? 14
    Sistemas 14
    Negócio 15

Gestão DE Processo, POR Processos ou Mapeamento de Processos? 17

Como se trabalha por aqui? 19

CONTEÚDO

    Como se ganha dinheiro por aqui? 20
    Uma nota sobre Modelos e Planos 23
    Pontos-Chave 23

O conteúdo rico das atividades de processo 24

Quem faz? 26
    Descrição de Cargos Funcionais 28
    Pontos-Chave 29

Quando faz? 30
    Estados e Atividades do Negócio em "Gamificação" . . . 33
    A Cultura "Lean" 34
    Horários de Corte 35
    Pontos-Chave 36

Como faz? 37
    "VOP" (Vídeo Operacional Padrão) 39
    Pontos-Chave 40

Com o que faz? 41
    Instalação Física do Negócio 43
    Pontos-Chave 44

O que faz? 45
    Estrutura de Diretórios e Arquivos 46
    Clareza, Completude, Consistência e Rastreabilidade . . 47
    Pontos-Chave 48

Para quem faz? 49
    As Interfaces de Comunicação para Clientes, Valores e
        Relacionamentos 51
    Pontos-Chave 53

O que não faz? 54
    Uma nota sobre metodologias de riscos 56
    Pontos-Chave 57

CONTEÚDO

Por que faz? 58
    O Balanced Scorecard (BSC) 59
    Pontos-Chave 60

Quando para de fazer? 61
    Definição de Pronto 63
    Verificação, Integração, Validação, Aceitação 64
    O Mínimo Produto Viável 65
    As Lições Aprendidas da Pergunta Definitiva 66
    Pontos-Chave 67

O que diz que faz? 70
    SIPOC 72
    Pontos-Chave 73

PARTE II O PROCESSO GERENCIADO 74

Como faz o que disse? 76
    Alinhar, Alinhavar, Delinear...Estrategicamente 79
    A Gestão do Sistema 80
    Pontos-Chave 82

Como prova que fez? 83
    Sobre a Abordagem Natural 85
    Uma Breve Nota da Gerência Ágil 86
    Pontos-Chave 87

Como melhora o que foi dito? 88
    Sobre Meta Processos 91
    Pontos-Chave 93

Como faz (quase) de tudo? 95
    Sobre Reutilização 97
    Pontos-Chave 99

Mentoria com a Diretoria 100
    Caso de Mentoria 1 101

CONTEÚDO

    Caso de Mentoria 2 102
    Caso de Mentoria 3 103
    Caso de Mentoria 4 104
    Caso de Mentoria 5 105
    Caso de Mentoria 6 106
    Caso de Mentoria 7 107
    Caso de Mentoria 8 108
    Pontos-Chave 110

Escola Piloto de Processos de Negócio 111
    A Escola Piloto de Processos de Negócio na empresa .. 112
    A Escola Piloto de Processos de Negócio na web 114
    Pontos-Chave 115

O Reconhecimento do Sucesso em Processos 116
    Avaliação de Conhecimento dos Processos 118
    Teste de Conhecimento em Gerência da Qualidade ... 120
    Pontos-Chave 121

Perguntas Frequentes 122

O que ficou por ser dito? 131
    Da Automação de Processos de Negócio 133
    Da Gestão Itinerante 134

Onde a gente se encontra? 136
    Da série Gestão Na Prática 136
    Sobre o autor 138

MISSÃO

Escrevo sobre tudo aquilo que gostaria que já tivessem escrito e que eu também senti falta de ler. Me comunico somente sobre o que eu já vivi, experimentei, aprendi, errei e precisei organizar em minha cabeça, para uma melhor atuação profissional. Escrevo e comunico com teoria e prática, equilibrando o simples e o complexo, para um melhor mundo de negócios. Que meus livros também promovam sua carreira, seu emprego, seu time, seu setor de trabalho e sua empresa.

VISÃO

Busco estabelecer uma carreira conjunta de autor, instrutor, consultor e gestor, através de amplo conteúdo próprio, reconhecida atuação inovadora, contínuas soluções criativas e uma real entrega de valor àqueles que me reservam seu tempo e sua atenção; seguindo, todos nós, por uma trajetória executiva de liderança, reputação e melhores resultados de negócio...em renovada parceria e confiança.

NA PRÁTICA

Faça! Vão te criticar de qualquer jeito... (risos) O mundo já tem pessoas demais buscando lucro; o mundo precisa de mais pessoas buscando qualidade. Naquilo que você faz, faça o melhor que puder. E faça todos os dias. Tenha consciência do que você representa. Busque a verdade que une a teoria e a prática. Adie seu reconhecimento. Confie no percurso. Comunique-se, sempre, tal como a um amigo. Entenda suas dores, mas deixe-as no passado. Domine suas palavras e estimule suas ações. Leia e releia. Faça e refaça. Repita muitas vezes! Então, aprenda com o que você fez: sinta-se, justificadamente, orgulhoso. Aproveite para revisar, mais uma vez, seu processo. Concentre-se no que você está fazendo de novo, agora. Preste atenção! Ordene suas ideias. Avance com calma, mas avance sempre. Continue, assim, por 1 mês, 1 ano, 10 anos, 1 vida. Transforme suas cicatrizes em um uso criativo. Saiba por que você faz. Faça o que tem que ser feito; quando tem que ser feito. Faça um pouco mais e não pare. Ferva sua cabeça! (risos) Escreva a primeira frase e acredite. Escreva a maior quantidade de frases possível. Siga a corrente da escrita. A competição é interna, com nós mesmos. Elabore sua técnica; estude o que precisa. Nada mais! Saiba quando ir direto ao ponto e quando introduzir um novo conceito. Seja ágil, mas não seja precipitado. Confie na memória e na inteligência de sua trajetória. Siga o caminho que cuida melhor de você. Transforme resistências em colaborações. Quando tudo der errado, ainda poderá recorrer à arte (sempre teremos as canções de Paul McCartney)... Desafie limites, seja gentil e reúna parceiros. Trabalhe não para se tornar o melhor profissional, mas para ser uma pessoa melhor; a sua melhor versão! Desenvolva seu trabalho até o estado da arte, profundamente. Receba críticas exatamente como recebe elogios. Se você sabe fazer, você vai demonstrar a sua experiência. Exclua os comportamentos desnecessários. Mostre o seu toque pessoal. Trabalhe sem medo. Reconheça novas verdades quando as ouvir. Continue. Quando você for além, continue mais um pouco. Não pare de mudar. Aceite as imperfeições das versões preliminares. Entregue, sem se preocupar em receber de volta. Mas receba com gratidão! Não se incomode tanto com aqueles que não querem ser ajudados. Leia aqueles que já escreveram antes de você. Encoraje aqueles que virão em seguida. Saia da "caixinha", da forma limitante. Desperte, você está pronto: esqueça todas as regras e improvise. Esqueça todas as regras e improvise!

Apresentação das Edições

A edição de 2018

Era para ser, apenas, um livreto de menos de 50 páginas, uma peça de marketing para nossos principais clientes, explicando, resumidamente, nossa abordagem em gestão; uma pequena tiragem de cópias impressas, com alta qualidade de impressão, sem pretensões de outros formatos, sem preço de venda e com custos patrocinados pela empresa.

Na prática, revelou um grato interesse por sua leitura, com novas cópias solicitadas e dúvidas retornadas em busca de mais conhecimento.

Enfim eu não estava louco e minhas ideias foram aceitas, com grata receptividade, para além das fronteiras da organização que dirigia; mas, ainda, aprovadas por um público bem restrito e conhecido.

Guardo comigo o exato primeiro exemplar, em "boneca" (demonstrativo) da gráfica!

A edição de 2019

Ainda não tinha tanta certeza se, realmente, não estava louco (hehehe) e decidi avançar, ainda mais, a experimentação inicial: num final de semana longe da família, 2 dias em intervalo da viagem de negócio e todas as horas restantes em silêncio, em frenética escrita, para conceber a pretendida nova versão estendida, a ser colocada à venda: meu primeiro livro publicado!

E, logo num dos primeiros comentários recebidos, formalmente registrado na página do livro na Amazon[1]:

"Leitura obrigatória para profissionais da área de processos. Acredito que este livro deveria ser leitura obrigatória na faculdade de administração e engenharia de produção. Livro muito bem escrito, mostra de forma simples como realizar o BPM. Enfim, recomendo muito este livro para os meus mentorados." – 5 estrelas, avaliado no Brasil em 8 de março de 2019, compra verificada.

Que alegria! Me recordo, claramente, como esse comentário me fez bem!

Dentre outros comentários, que se seguiram, com muita gratidão.

Entendi, ali, que o desafio de desenvolver uma ideia, indo direto ao ponto, ao longo de umas 100 páginas, mantendo sempre uma visão a partir da plateia, sem a busca da vaidade do palco e aceitando o risco de não haver unanimidade fazia muito sentido e era o mesmo desejo de vários outros leitores, como eu!

Comecei, então, a escrever mais e mais.

A edição de 2020

O livro manteve sua boa regularidade de vendas, tendo chegado ao primeiro lugar de sua categoria "gestão de liderança": *ei, mãe, eu tenho um livro best-seller!*".

Agora, com uma didática separação em partes 1 e 2 (respectivamente, "O Processo Definido" e "O Processo Gerenciado") e novos capítulos inseridos (por exemplo, "Mentoria com a Diretoria"), os comentários também seguiram em atualização, parabenizando as melhorias e adaptações.

Aceitei ser escritor (e gestor).

---

[1] https://www.amazon.com.br/Gest%C3%A3o-por-Processos-na-Pr%C3%A1tica-ebook/dp/B07C97D448/

Traduzi essa versão para inglês e espanhol; e narrei, todas elas, em respectivos audiolivros: 1 livro, 3 idiomas e 3 formatos (impresso, eletrônico e áudio).

Concebi um processo pessoal de escrita e iniciei a formação de um time de parceiros de confiança, com: designer, tradutores e narradores.

Curiosamente, eu mesmo ainda uso essa versão para aprimorar meu espanhol iniciante!

A edição de 2021

Achava que a versão anterior já estava completa.

Daí, numa dessas nossas noites insones, me veio a ideia de um "caderno de exercícios", compilando diversas questões recebidas, em seu puro formato original.

Me veio, também, a ideia de desenvolver uma marca ("*branding*"), definindo uma reutilizável identidade visual para todos meus livros, formando uma série: novas capas e um novo marco de maturidade.

Por isso, aqui estamos nós: seja bem-vindo e boa leitura!

Ao final, seus novos comentários serão valorosos!

PARTE I O PROCESSO DEFINIDO

Na "licença poética" desse autor, acredito que um processo só pode ser gerenciado (Parte II) após ele ter sido definido (Parte I); e não reconheço qualquer execução que não esteja baseada numa prévia definição: seria muito imprevisível e amador, seria aceitar o "nível 0" da capacidade e maturidade. Por favor, também não aceitem repetir, no coletivo ambiente profissional, o que só se aceitaria fazer num individual ambiente doméstico.

Por isso, na prática, a execução só começa após a definição e o controle só começa após o gerenciamento; e espero que assim seja, também, em sua empresa!

Executar, sem definir, é um enorme desperdício de muitos recursos; e, por consequência, um grosseiro erro de gestão.

Nessa primeira seção, trabalharemos, então, aquilo que envolve a definição e a execução dos processos; falaremos sobre planejamento, propósito, implementação e melhoria.

Já na segunda seção do livro, trabalharemos o que envolve o gerenciamento e o controle desses processos; debatendo monitoração, medição, otimização e inovação.

Seguiremos desse modo, organizando os próximos capítulos num grato equilíbrio entre conceitos e resultados, teoria e prática, sempre recheado de questões que nos despertem o desenvolvimento e a colaboração...que nos seja um estimulante exercício!

O que é Gestão? O que são Processos?

"Imagine não haver Paraíso. É fácil se você tentar! Nenhum inferno abaixo de nós. Acima, só o Céu." - John Lennon

Gestão

Gestão nada mais é do que obter resultados com recursos limitados!

Lembre-se sempre disso.

O entendimento é bem claro: se os recursos fossem ilimitados, não haveria a necessidade de se ter qualquer gestão sobre eles.

Sim, é isso e não vejo exceções: se há a intenção do retorno de valor num cenário com limitações, a atividade de gestão sempre será bem-vinda.

Por exemplo, observe: se o dinheiro fosse infinito, se o tempo fosse de sobra, para que se preocupar ou planejar?

Então, indo além: quanto mais otimizados forem os resultados, objetivamente melhor é a sua gestão!

É sobre obter mais do mesmo, numa diferenciação da gestão: com mais qualidade, mais capacidade e em tempo mais adequado.

Curioso observar, entretanto, que muitos daqueles que já exercem cargos de gerência não têm qualquer percepção dessa abordagem ou desse raciocínio, sobre seu papel ou função.

Senão, recordem-se, por favor, de seus últimos projetos...numa breve pausa para a gente se divertir e relaxar essa leitura!

Quando o escopo de seu projeto aumentou, a reação imediata também foi a de contratar mais pessoas, para aumentar a equipe?

Quando o prazo apertou, a solução também foi a de trabalhar mais horas?

E pela urgência da entrega, nem houve tempo de consultar se seriam horas extras pagas ou gratuitas?

Entretanto, se o orçamento aprovado já começou alto, todos ficaram antecipadamente felizes com o futuro sucesso e o lucro garantido?

E, quando alguém saiu da equipe, a produção, realmente, diminuiu na mesma exata proporção? Quem sabe, até melhorou, não?

Ou você também enfrentou reclamações e justificativas bobas, de que a impressora ainda ficava lá longe, apenas do outro lado da sala?

Bem, melhor é responder todas as questões acima, com uma única outra questão: afinal, onde estava seu gerente?

Sim, com maior maturidade apresentam-se outras realidades, bem mais favoráveis, serenas, fluidas etc.

Alguns podem até considerá-las inéditas, inalcançáveis...

Mas é possível, sim: manter o ritmo, entregar no prazo e incorporar novas solicitações; tudo isso, sem reclamar e ainda gastando menos dinheiro!

Sejam todos, agora, bem-vindos ao **poder da gestão por processos!**

Por Processos

Processos são simples sequências de atividades.

Nada mais; fato.

Nenhum rigor acadêmico a acrescentar: tal definição vale para processos químicos, processos eletrônicos, processos de negócio...enfim, processos!

Com atividades que, por sua vez, são simples sequências de tarefas.

Uma atividade de processo pode, então, ser decomposta em uma ou mais tarefas!

Nada é mágico, apenas sistemático; é simples, mas não simplificado.

O poder dos processos está sempre em seu resultado de maior eficiência da execução!

Observe, por um instante, a mentalidade do amador, que costuma seguir pela contratação dos melhores profissionais, pela aquisição das melhores ferramentas e por deixá-los todos livres, sem qualquer incômodo.

Será ?

(risos)

Perceba, entretanto, que a verdadeira marca do melhor profissional está em reconhecer que tal condição milagrosa simplesmente não existe, nunca existiu ou jamais existirá!

Assim, disse o engenheiro de software Grady Booch[2]!

Em típicos cenários de imprevisibilidade, fraco controle e uma postura reativa, o resultado é somente retrabalho, retrabalho e mais retrabalho.

E retrabalho sempre envolve desperdício; envolve perdas de tempo, de material, de dinheiro e de satisfação.

Retrabalho é, enfim, venenoso!

Uma intoxicação à qual nos acostumamos; está lá, previamente embutida, mantida e preservada (religiosamente) no preço final do serviço ou do produto.

---

[2] https://pt.wikipedia.org/wiki/Grady_Booch

Com criatividade, os processos buscam, então, identificar os erros, corrigir os defeitos e alinhar os esforços; o quanto antes, o mais breve possível.

Processos favorecem a fazer o "**certo da primeira vez**"!

E o fato é que, sempre que são mais produtivas, todas as pessoas sentem-se bem melhores; isso é fantástico!

Assim, em última análise, nós gerenciamos os processos em prol da felicidade!

Ponha, agora, um sorriso em seu rosto! ;-)

Na Prática

Quando ainda faltam argumentos para convencer as pessoas em prestar mais atenção à gestão de seus processos, na prática, passamos a gastar a maior parte de nosso tempo numa sequência de reuniões improdutivas e no atendimento emergencial de incidentes repetitivos; ao invés de nos dedicarmos à melhoria incremental do produto ou serviço.

Nos tornamos especialistas nas justificativas e nos erros conhecidos; nos distraímos "consertando" muito mais do que "criando".

Tente, então, corajosamente, comparar o desempenho de 2 times: um orientado a processos e outro com total fobia a processos.

Concordo que, provavelmente, seja mais fácil achar, logo, o time avesso a processos, hehehe!

De início, o time orientado a processos até irá lhe parecer menos produtivo; mas, no longo prazo, o retorno do investimento é garantido e sustentável.

Qualquer gráfico de impacto do Retorno do Investimento (ROI) em qualidade de processos sobre o faturamento da empresa poderá atestar que, mesmo em tempos de crise econômica e instabilidade política, ganha-se garantida sustentabilidade através dos processos!

E, se esses times criados estiverem em salas diferentes, você, claramente, já perceberá as enormes diferenças entre eles no primeiro instante em que logo abrir a porta!

Numa referência "nerd", de Star Trek, entenda: "resistir é inútil, você será assimilado[3]".

---

[3] https://pt.wikipedia.org/wiki/Borg_(Star_Trek)

O que são Sistemas? O que é um Negócio?

"*Todos os dias é um vai-e-vem; a vida se repete na estação: tem gente que chega pra ficar, tem gente que vai pra nunca mais, tem gente que vem e quer voltar, tem gente que vai e quer ficar, tem gente que veio só olhar, tem gente a sorrir e a chorar...e, assim, chegar e partir.*" – Milton Nascimento

Sistemas

Sistemas são, por definição, conjuntos de processos!

Mais uma vez, simples pensar assim...

Porque todos processos acabam por representar o suporte lógico a uma sequência de instruções, composta por funções, módulos, parâmetros de entrada, processamentos e sinais de saída.

E, desejadamente, toda organização deve funcionar tal como um sistema, num conjunto de processos onde toda a abstração envolvida seja capaz de ser reutilizada.

O objetivo é inspirar um pensamento de sistemas diretamente aplicado aos negócios: vamos gerenciar o sistema; para, então, melhor gerenciar as pessoas!

Gerenciando o sistema, o foco estará sempre nos processos. Gerenciando pessoas, corre-se o risco de bajulações, preferências, assédios, intromissões, fofocas etc, não?!

O sistema, como um conjunto de processos, é movido, claramente, pelas pessoas; que, com o melhor entendimento de suas responsabilidades e competências, conseguem se realizar profissionalmente.

Assim, estaremos permitindo que todos tenham seus melhores resultados refletidos em seus produtos, de maneira bem objetiva.

Produtos como resultados dos projetos e **projetos** como "sistemas temporários"!

Ou seja, em qualquer iniciativa há de haver processos a desenvolver (mesmo que não tão visíveis) e cada projeto sempre respeitará algum ciclo de vida, com início, meio e fim.

Negócio

Se sistemas são conjuntos de processos, um **negócio** é um sistema de processos que faz dinheiro!

Sim, é isso!

E um sistema de processos faz dinheiro quando:

• cria e entrega algo de valor,

• que outras pessoas querem ou precisam,

• num preço que elas estão dispostas a pagar,

• de uma maneira que satisfaça suas necessidades e expectativas,

• para que o negócio tenha lucro em prol de sócios, de colaboradores e das operações.

Dinheiro é, então, o produto de um trabalho repetível de criação de valor, de marketing, de vendas, de logística e de finanças.

Desejamos, por ora, estabelecer uma relação (nem sempre tão clara) entre sistemas e empreendedorismo, para o maior sucesso de qualquer iniciativa de negócio.

Como você se diferencia de seus competidores?

Quanto irá cobrar por seu produto ou serviço?

Como você alcança seus consumidores?

Como você vai vender seu produto ou serviço?

Como será a produção e a entrega?

Como vai fazer para ter certeza que seus clientes retornem?

Essas seis questões acima são pertinentes e fundamentais a qualquer modelo de negócio!

E que tal planejar e monitorar o avanço de sua empresa numa plena colaboração entre o desenvolvimento de sistemas e o desenvolvimento de negócios?

Porque "dinheiro não dá em árvore" e "o mundo não é justo": existe apenas um sistema (de processos) que precisa funcionar, em contínuo esforço; para que, ao final de cada mês, a gente receba a recompensa esperada.

Ambientes empresariais reúnem a complexidade da sinergia entre gestão, processos, sistemas, projetos e produtos; para virarem um grande negócio.

Esse livro serve tanto para entendermos como funcionam os sistemas; como para criarmos, nós mesmos, os nossos novos sistemas!

E, sim, tal raciocínio, de modelar e analisar seu próprio negócio, como um conjunto de processos, pode ser uma revolução! ;-)

Gestão DE Processo, POR Processos ou Mapeamento de Processos?

"É na clareza da mente que explode a procura do novo processo." – Oswaldo Montenegro

Da revisão que acabamos de fazer, do valor de alguns substantivos, percebemos que nada é nomeado por acaso: os significados precisam ser compreendidos e, quando novas palavras se apresentam ao vocabulário, vale recorrer à mesma ferramenta de sempre, o dicionário; acredite que, assim, muitas dúvidas básicas estarão, prontamente, elucidadas e todo o aprendizado seguinte ficará muito mais claro.

Mas, além dos substantivos, é ainda mais comum confundirmos, também, as preposições!

E, abaixo, perceberemos tais diferenças.

A **Gestão DE Processo** corresponde ao gerenciamento do processo mapeado (um ou mais); ela fala mais do processo do que da gestão.

A **Gestão POR Processos** é a gestão orientada a processos de negócio; ela fala mais da gestão do que do processo.

O **Mapeamento de Processo** apresenta o desenho do processo definido; ele traz apenas um design, um fluxograma, um modelo, que, sem gestão, não serve para nada, pois é estático e "não roda" sem "energia".

O importante, a partir de agora, será identificarmos, classificarmos e aplicarmos, corretamente, cada nome!

Por isso, vale entender que...

Só há gestão de processo sobre algum processo formalmente mapeado: conforme dito, a execução só começa após a definição e o controle só começa após o gerenciamento.

A gestão por processos difere em repensar sua gestão por meio dos processos; por isso, teoricamente, a gestão por processos não requer nenhum processo previamente mapeado ou sob gerenciamento para iniciar! ;-)

E isso é muito louco e divertido!

Você pode começar já, nesse instante: basta "a ficha cair" e você começar, ampla e objetivamente, a orientar sua nova atuação gerencial...

Tudo bem que, se a intenção é verdadeira, um primeiro processo já existirá, no minuto seguinte a essa decisão! (risos)

Como se trabalha por aqui?

"Você quer meu sangue? Quer minhas lágrimas? Devo cantar até não poder mais? Tocar essas cordas até meu dedo esfolar? Você é tão difícil de agradar. O que você quer de mim?" – Pink Floyd

De onde vem o Valor

Viajamos de avião para ganhar tempo no deslocamento. Mas, mesmo assim, buscamos chegar com antecedência no aeroporto e seguir por um embarque calmo. Cumprimentamos os comissários de bordo, comemos alguma balinha e aguardamos, com tranquilidade, o decolar.

Imagine, entretanto, se fosse tudo corrido! Imagine o piloto desesperadamente apressando a tripulação e os passageiros.

Obviamente, acomodação e ambientação iniciais são fundamentais e não constituem, jamais, tempo perdido!

Portanto, não avance você em tanta pressa de logo definir todos seus processos; inicie, natural e suavemente, pela **Missão e Visão** de sua empresa.

Sim, Missão e Visão, tal como iniciei esse livro...

Valorize, verdadeiramente, que tais declarações realmente importam, que devem ser bem conhecidas e devem estar sempre visíveis!

Como sua organização faz para realizar seu propósito de existir e para alcançar um próximo estágio de evolução?

É uma importante reflexão!

E, a partir daí, comece, então, a decompor uma lista de quais disciplinas, habilidades e especializações ela deve compreender.

Tal como um "dever de casa", um exercício feito com muito cuidado.

Ao final, teremos um criativo entendimento de todas as **Áreas de Conhecimento** que ali se aplicam! Quais os conceitos e quais as disciplinas que seguem "em órbita" pelo "universo" representado pela empresa.

Modelar os processos, evidenciando os pontos-chave de Missão, Visão e Princípios de uma empresa garantem, então, uma representação da realidade muito útil para o didático entendimento das diversas e complexas engenharias de seu negócio.

É o ponto de partida correto!

Tal modelagem inicial já lhe apresenta perspectivas sobre os clientes, finanças, processos e aprendizado da empresa.

O que pretendemos fazer para alcançarmos mais clientes?

Para sermos bem sucedidos financeiramente?

Para satisfazermos os processos de negócios nos quais devemos alcançar a excelência?

Para sustentarmos nossa capacidade de mudar e melhorar?

Senão, veja a seguir como, com a abordagem das áreas de conhecimento em atuação, tudo fica mais claro!

Como se ganha dinheiro por aqui?

Para cada área de conhecimento identificada (exercício acima), garanta a redação de sua respectiva **Política Organizacional**.

Políticas Organizacionais não são nada mais do que listas ordenadas de diretrizes executivas, separadas por hábeis categorias.

Assim, na proposta desse livro, correspondem a uma série de tópicos, enumerando premissas (requisitos fortes) que sustentem e orientem cada área de conhecimento.

Políticas Organizacionais são, então, fundamentais para garantir o correto alinhamento entre diretorias e gerências, entre estratégias e operações.

Na prática, a ausência de uma Política Organizacional acaba sendo traduzida em ingerência!

Em breve pausa, observe a força dessa questão: ingerência.

Desse claro entendimento realista, Políticas Organizacionais nunca mais serão percebidas como burocráticas ou serão negligenciadas.

Em exemplos básicos: Política Organizacional para Liderança, Política Organizacional para Gerência Financeira, Política Organizacional para Gerência Administrativa e Política Organizacional para Gerência da Qualidade.

Podendo haver outros exemplos: Política Organizacional para Gestão da Inovação, Política Organizacional para Relacionamento com Clientes, Política Organizacional para Melhoria dos Processos, Política Organizacional para Gestão do Tempo, Política Organizacional para Gestão das Aquisições, Política Organizacional para Gestão da Informação etc.

É um trabalho inevitável, de alto nível, em todos os sentidos. Garante um forte acoplamento entre os objetivos estratégicos já existentes e quaisquer próximos processos a mapear. É, então, uma linha base, de coesão, um marco inicial de referência.

E, mesmo que você não esteja em posição de alta gerência, formalize, ao menos, as orientações de seu time de trabalho ou de sua própria atuação específica!

Agora, vem o mais bacana...

De cada Política Organizacional, de cada Área de Conhecimento, derivará um primeiro processo geral, um **Macroprocesso**.

Tal como o parágrafo sobre o avião, do início desse capítulo, tudo, agora, já parece fluir facilmente, sustentável, com naturalidade.

Por isso, confie: essa é uma grata introdução, pessoal e amigável, àqueles que nunca antes vivenciaram uma cultura de processos!

Em reutilização, todos artefatos já mencionados servem, ainda, como material de capacitação para um funcionário recém admitido, como parte de um plano de treinamento, na descrição de cargos e salários, em auditorias internas e externas, para uma apresentação institucional etc...todos "documentos vivos"!

Lembre-se sempre da mentalidade do amador, descrita no capítulo anterior, e não deixe soltas as rédeas de como se trabalha por aqui!

Opa, atenção ao desfecho abaixo...

Essa série inicial de processos, que, diretamente, traduz a Missão e a Visão da empresa, que une todas as Áreas de Conhecimento, que realmente mantém nosso emprego e que, se fragilizada, põe tudo a perder, é a chamada **Cadeia de Valor**.

A Cadeia de Valor é, então, o conjunto de atividades que resume a sua produção de bens ou de serviços.

A Cadeia de Valor é o Macroprocesso número 1!

Na vida corporativa, numa abordagem madura, de sucesso:

1) você é contratado,

2) prontamente entende seu setor,

3) torna previsível qualquer processo mais específico e

4) compreende o papel da empresa em sua indústria de atuação.

Parabéns, você já faz parte de um projeto grandioso: a **Cultura Organizacional!**

E nunca mais aceitará participar de algo menor.

Aderir aos processos é regra de conduta!

Uma nota sobre Modelos e Planos

Acredito que, aqui, vale elucidar essa confusão, que também começa pela pouca atenção dada ao entendimento dos substantivos que representam cada diferente parte e diferente documentação: basta uma rápida busca, na web, para confirmarmos que os resultados, sobre modelos de negócio e planos de negócio, vêm todos "juntos e misturados", "embolados".

Em direto entendimento...

Todo **modelo** é uma representação ou uma interpretação simplificada da realidade.

Todo **plano** trata de ações.

Plano é a abreviação da palavra "planejamento"; e, assim, avalia e constrói o caminho de onde estamos para onde queremos ir.

Por isso, modelos são estáticos e planos são dinâmicos!

Plano é o lado racional do modelo! ;-)

Pontos-Chave

- Documento de Missão e Visão.
- Objetivos estratégicos (lista de objetivos de negócio da organização).
- Políticas Organizacionais (definição do conjunto de processos padrão).
- Descrição da aplicabilidade de cada processo padrão.
- Integração dos Processos (descrição da sequência e interação entre processos).
- Aprovação da alta gerência.
- Registros de comprometimento com as políticas organizacionais.

O conteúdo rico das atividades de processo

"Brilhe como as jóias que sem dó pirateei; tire a casca e mostre seu brilho: brilhe mais do que o colar que eu arranquei...me empolguei."
– Trilha Sonora Moana

Sequências de atividades, decompostas em sequências de tarefas...ok.

Tudo pode, então, ser didático, mas ainda "sem graça", monótono, burocrático etc.

Afinal, aonde está o "tempero" do Poder dos Processos?!

Pense na diferença entre sair para comprar pão na padaria e ir numa festa de casamento! (risos)

Obviamente, são roupas diferentes.

Mas, além das roupas, há a grata diferenciação estabelecida pelos adereços: sim, os adereços fazem toda a diferença!

Em nosso contexto, entendo **adereços** como o conteúdo rico das atividades de processo.

Por isso, para cada atividade de processo, busco sempre ilustrar quais adereços lhe pertencem ou promovem sua especial atenção.

Quem faz? O autor da atividade!

Quando faz? O disparo inicial da ação!

Como faz? A descrição associada à atividade de processo!

Com o que faz? O uso de ferramentas!

O que faz? Os produtos resultantes do trabalho!

Para quem faz? Toda a comunicação associada!

O que não faz? A identificação dos riscos!

Por que faz? A medição dos indicadores de desempenho!

Quando para de fazer? O encerramento da conexão final!

Trataremos, ao longo dos próximos capítulos da Parte I desse livro, de cada uma dessas 9 questões, desses 9 adereços, preciosos, que sempre reviso e associo a alguma atividade mapeada.

Perceba: estamos falando "do que realmente importa" para o sucesso das operações de qualquer negócio, das melhores práticas para uma rotina empresarial de excelência; não estamos vendo nenhuma nomenclatura específica, produto de prateleira ou preocupados com rigores acadêmicos de alguma notação proprietária: estamos mais preocupados com nossa realização profissional e o alcance da felicidade no trabalho, em justificado orgulho ao final do dia.

Quem faz?

"Aqueles que dizem que não pode ser feito, não deveriam interromper aqueles que estão fazendo o impossível." – provérbio chinês

Trataremos, aqui, do que a nomenclatura de processos chama de "ator" ou "papel".

É hora, então, de já conhecer melhor seus recursos humanos e de desenvolver uma competência superior de sua equipe...prontamente!

Apresentando conceitos básicos para o pleno mapeamento de um processo, o **ator** desempenha o papel daquele que interage com o processo.

Normalmente, é atribuído a um título de cargo funcional (por exemplo: diretor, gerente, analista, auxiliar), que executa as tarefas decompostas das atividades descritas no processo.

Assim, é comum que um processo, que flui através de toda organização, tenha vários atores identificados em suas participações.

Identificar os atores das atividades explicita suas respectivas competências e promove o entendimento da ampla base organizacional de colaboradores.

Forma-se, então, uma **matriz de responsabilidades**, seja o ator: o executor direto da atividade, o dono que responde pelo sucesso da atividade, alguém que deva ser consultado e participar das decisões ou, mesmo, quem apenas precisa ser notificado de alguma conclusão.

Tal rastreabilidade, associada a uma Política Organizacional para Gestão dos Recursos Humanos, permite que qualquer um tenha plena ciência de todas suas ações esperadas.

Você pode tanto fazer uma "leitura horizontal" dos processos e saber quais atividades lhe pertencem em responsabilidade, como fazer uma "leitura vertical" dos processos e saber quem é impactado pelo resultado da execução de suas atividades.

Acabam, aqui, as conversas do tipo "eu fiz a minha parte" ou "isso não é problema meu"; pois estamos, então, todos, literalmente, interligados em nossas diversas áreas de conhecimento!

Respire, agora, um pouco, para absorver o impacto dessa nova realidade... ;-)

Como exemplo, observe como funcionam as avaliações de qualidade, de auditorias internas ou externas. Em todas, busca-se, simplesmente, evidenciar:

- que qualquer trabalho esteja baseado em processos,

- que qualquer funcionário esteja treinado no processo em que atua e

- que exista formação acadêmica comprovada para a respectiva área de conhecimento.

O ator faz, então, o que deve ser feito e não o que prefere ou escolhe fazer; ele atua de uma maneira previsível, controlada e pró-ativa.

E isso funciona como uma característica de maturidade, tal como um certificado de proficiência e comprometimento: o melhor funcionário é aquele que funciona!

Assim, sem esquecer do ditado "cão, que tem mais de um dono, morre de fome", o fato é que muitos nem sabem quais resultados devem entregar e muitos também não sabem quais resultados devem cobrar!

Nesse sentido, quantas surpresas negativas ou horas improdutivas já poderiam ter sido, aqui, poupadas?

Responda a questão acima após sua próxima convocação para mais uma reunião inútil...

Descrição de Cargos Funcionais

Com essa grata estratégia para o sucesso, da identificação de todos aqueles que participam das ações planejadas de sua organização, elaboramos uma estrutura de cargos, pensando no **organograma** hierárquico desejado.

Costumo seguir, naturalmente, pelas responsabilidades de "auxiliar" para "analista" para "gerente" e, enfim, para "diretor".

Num breve resumo, "auxiliar" é aquele que, simplesmente, executa suas tarefas, sem maiores preocupações: tarefa dada é tarefa cumprida. Já o "analista" dispõe de maior senso crítico e, assim, é capaz de questionar algumas orientações recebidas, prevenir riscos e erros; também poderia ser chamado de "arquiteto". O maestro, preocupado com a harmonia e o desempenho de resultados do conjunto é o "gerente". E para onde todos esses vão seguir juntos é da alçada do "diretor", que aponta o caminho, o rumo e a estratégia.

Obviamente, diferenças são aceitas e acontecerão. O importante, aqui, é perceber que costuma haver, sim, uma relação de dependência entre tais atores: na ausência do "auxiliar", o trabalho deverá ser feito pelo "analista", em substituição direta; na ausência do "analista", a execução seguirá para o "gerente"; e do "gerente" para o "diretor". É o que chamam de **herança**: a capacidade de absorver as características e o comportamento das instâncias anteriores!

Outros papeis a serem desempenhados, além dos funcionários, ainda envolvem clientes e parceiros de negócio: perfis que, desejadamente, também devem estar identificados. Tal entendimento nos promove, em visão geral, uma preliminar **análise do mercado** no qual estamos inseridos, através dos tipos de clientes e suas categorias de fornecedores.

Vale notar que é possível, sim, que uma mesma pessoa "real" assuma mais de um papel ou perfil de atuação ("persona"). Hoje, por exemplo, eu acumulo, em minha atuação de diretor, 5 "bonés", um para cada dia da semana: "finanças", "estratégia/regularidade", "qualidade", "estrutura" e "inovação/marketing".

Dos atores "internos" e dos atores "externos", iniciamos essa completa **descrição de cargos funcionais**.

Pontos-Chave

- Definição do organograma padrão da organização.
- Descrições dos cargos funcionais.
- Identificação dos papeis necessários nos processos.
- Atribuição dos recursos às atividades e tarefas (com base em competências).
- Orientação das Equipes de Trabalho ou Planos de Trabalho (registros de comunicação das responsabilidades).
- Nomeação do Grupo de Processos (rede de especialistas identificada).
- Roteiro para Ambientação de Novo Colaborador (processo de integração de funcionário recém admitido).
- Identificação das necessidades de treinamento.
- Relatórios de avaliações individuais de desempenho (base organizacional).

Quando faz?

"Cada ano vai ficando mais curto. Parece não haver tempo. Planos que não dão em nada. Ou meia página de algumas linhas rabiscadas... O tempo se foi, a música terminou, pensei que eu tivesse algo mais a dizer." - Pink Floyd

Vamos, agora, falar do disparo inicial, da iniciativa; seja ela automática ou habitual.

Experimento 1: para começar, tente medir o tempo de execução de um único processo...

É bem mais difícil do que medir o tempo de execução de uma única atividade, já que o tempo total do processo demonstra a fragilidade de todas suas interfaces e suas transições.

Por vezes, cobra-se a urgência de uma entrega, que fica parada logo adiante; por vezes, ignora-se tal urgência, por um nova interpretação de prioridade; por vezes, inicia-se prontamente a implementação de uma ideia boba por pura ansiedade, modismo ou falta de critérios de decisão.

É fato.

Experimento 2: em seguida, tente sincronizar mais de um processo...

É bem mais enlouquecedor do que um único, singular processo, já que a interrelação entre vários processos simultâneos exige demasiada, extraordinária disciplina.

Por vezes, um atraso de 30 minutos na execução de um primeiro processo inicial, promove um atraso total acumulado de mais de 1 dia ao final; que, por vezes, acaba sendo a etapa penalizada e julgada como insatisfatória.

Somente se tropeça nas pedras pequenas, porque as grandes a gente vê de longe!

Enfim, nesses 2 exercícios propostos acima, estamos falando de **ritmo**!

E, preferencialmente, um ritmo sustentável.

Um ritmo sustentável que começa pela clara identificação do momento do "**chamado para ação**".

Sempre há de haver um clara condição que sinalize o início de qualquer processo.

É como na música: não perca o seu preciso momento!

Considere que a execução de cada atividade sempre, obrigatoriamente, resulta numa nova condição de início para a atividade seguinte.

E, assim, chega-se, alinhadamente, ao desejado produto de trabalho ou estado que configura o fim do processo em questão.

Cuide, de maneira bem objetiva, desse meticuloso encadeamento de sinais e situações!

E observe, ainda, outras questões mais subjetivas associadas e exemplificadas abaixo.

Há de haver ciclos de produção plenamente blindados de interrupções inúteis (o trabalho produtivo acontece, como mágica, nessa concentração mais isolada e solitária).

Há de haver intervalos de tempo pré-estabelecidos para a notificação de dúvidas e recados importantes (experimente o uso de ciclos da Técnica Pomodoro[4], como condição para alternar foco e relaxamento).

Há de haver responsáveis pela comunicação centralizada em cada setor de trabalho (tal como um "concierge[5]"), mesmo que planeje-se (e seja favorável) um rodízio nessa função ao longo dos dias.

Há de haver uma gestão de riscos atuante para minimizar eventuais surpresas negativas (capítulo adiante).

---

[4]https://pt.wikipedia.org/wiki/T%C3%A9cnica_pomodoro
[5]https://pt.wikipedia.org/wiki/Concierge

Há de haver **"horários de corte"** (nota adicional ao final do capítulo) para limitar transferências de material fora de hora, entre as capacidades alocadas para os processos (procure entender os "momentos de pico" de cada setor, quando cada capacidade de processo é mais exigida).

Não dá para sair para almoçar ou chegar para trabalhar a qualquer hora; não dá para todo mundo almoçar junto e deixar o setor vazio; aceite, e respeite, o fluxo das entregas diárias pela organização.

Nem dá para deixar tudo bagunçado, na pressa de ir embora, atrapalhando o início do dia seguinte, sem qualquer planejamento para o próximo turno; mantenha sua "mesa limpa" (pratique o "5S[6]").

Mas garanta que existam folgas e tolerâncias planejadas nesse pensamento de sistema, já que não há a necessidade de uma rigidez "mecanizada" ou "robotizada".

Busca-se, em resumo, compor um "diagrama de tempo", que oriente a fluidez e a estabilidade entre as sequências das atividades e seus resultados esperados.

Tal harmonia, Chip Conley chama, em seu livro[7], de "mojo"!

Mas há de se fazer isso sempre, todo dia, de maneira recorrente; não a qualquer hora ou somente quando se está disposto.

Manter as entregas, durante 1 semana, 1 mês e 1 ano, é até fácil; difícil é sustentar tal desempenho e ritmo por 5, 10, 15 anos a fio...um trabalho de atleta!

Independente de ser um escritório de projetos ou uma indústria de serviços, estamos falando sempre de respeito: se prometeu, entregue...e entregue **em tempo**!

---

[6] https://pt.wikipedia.org/wiki/5S
[7] https://www.amazon.com/Peak-Great-Companies-Their-Maslow/dp/0787988618

Estados e Atividades do Negócio em "Gamificação"

Se processos são simples sequências de atividades e cada atividade resulta num novo estado ou numa nova situação de avanço de seu processo, fica fácil evidenciar o processo organizacional sob estudo, por um raciocínio lógico, encadeado, agregado.

Entretanto, atividades de processo e seus respectivos resultados e estados também abrem caminho para explorar outros conhecimentos...

Analise, então, esse caso real, de um laboratório médico, em abstração e inspiração: numa enorme matriz, temos, nas colunas, os estados dos exames médicos (em evolução, até sua desejada liberação final), e, nas linhas, temos os dias de trabalho descontados até o prazo final prometido ao paciente; assim, não só sabemos a situação atual de um exame, bem como sabemos projetar as capacidades dos times para os próximos dias (dá para antecipar o volume de trabalho por vir). Tudo visual, amplo. Atrasos ficam bem destacados numa isolada área vermelha. Tal como um "game", os médicos movem suas peças da esquerda para a direita (ao final de cada procedimento), enquanto os administradores movem as mesmas peças de cima para baixo (ao final de cada dia de trabalho). O objetivo é alcançar o lado direito do quadro (última etapa do processo), antes de se atingir a última linha (fim do prazo do exame).

E esse é apenas um dos diagramas, de estados e atividades, aplicados em nosso negócio!

Em meu trabalho, isso é muito comum: desenhamos um diagrama, adaptamos a organização espacial dos estados e das atividades, imprimimos uma enorme folha adesiva na gráfica, prendemos à parede e passamos a usar objetos para monitorar a nova, inédita e customizada **ferramenta de gestão**. ;-)

Uma imediata ferramenta de **gerenciamento visual**, para controlar a completude das atividades e a rastreabilidade de seus estágios intermediários.

Isso, sim, é **"gamificação"** na prática: utilizando um pensamento orientado a jogos, incentivamos as pessoas a aderir aos processos empresariais!

Isso também é **"kanban**[8]**"**, pois, através de objetos de sinalização, controlamos todo o fluxo e o ritmo do processo em execução.

Já reparou como a sala de aula das crianças é sempre bem mais atrativa e ilustrada do que o ambiente de trabalho dos adultos?

A Cultura "Lean"

Cabe, ainda, adicionalmente, um convite à capacidade de eliminar desperdícios continuamente e, assim, resolver os problemas de maneira sistemática.

Dos sete tipos de desperdícios identificados pelo chamado "Sistema Toyota de Produção[9]" (super-produção, tempo de espera, transporte, excesso de processamento, inventário, movimento e defeitos), busque repensar quais atividades de processo, envolvendo tempo, mão-de-obra e insumos, que realmente agregam valor nos resultados de seus produtos ou serviços.

Em complementar adaptação dos processos pelas ideias de "gamificação", siga trabalhando o gerenciamento visual de suas cadeias, transformando suas ferramentas eletrônicas em pôsteres impressos e presos à parede, demonstrando transparência e atraindo maior participação e mais debates.

Fica a dica, desses dois valorosos exercícios de agilidade!

---
[8]https://pt.wikipedia.org/wiki/Kanban
[9]https://pt.wikipedia.org/wiki/Sistema_Toyota_de_Produ%C3%A7%C3%A3o

Horários de Corte

Por vezes, as mudanças de estado de um objeto não acontecem em dependência de alguma ação realizada, mas, sim, somente em função da própria passagem do tempo!

O que era para ter sido entregue ontem, hoje já está atrasado: "dia 0", "dia -1", "dia -2"... ;-)

Seja num escritório de projetos ou na rotina de manutenção de um serviço; tanto faz...

Simplesmente responder um email com prontidão já pode lhe garantir uma diferenciada atuação e concretizar uma nova oportunidade de negócio; acredite.

Chegar no horário também é claro sinal de respeito com os demais.

Dentre muitos exemplos, tempo é, afinal, mais um dos recursos limitados que temos a gerenciar. Daí, sincronizar, integrar, planejar o tempo se torna tão importante; embora muito negligenciado e pouco priorizado.

E, para planejar o tempo, eu gosto muito da ideia dos **horários de corte**!

Da sequência das atividades encadeadas, apenas reflita sobre quando uma acaba e a outra começa, dentro de certo período de tempo (dia, semana, mês).

São cortes, que podem ser pensados de maneira abrupta e imediata ou numa transição mais suave de perda/ganho de capacidade.

Assim, horários de corte "digitais" traduzem, objetivamente, quando uma atividade está ativa ou inativa; enquanto horários de corte "analógicos" representam as ondas da menor ou maior demanda por execução de uma atividade.

Num conhecido processo de desenvolvimento de software, chamado RUP, existe o curioso "Diagrama das Baleias[10]" e sua dis-

---

[10] https://pt.wikipedia.org/wiki/IBM_Rational_Unified_Process

tribuição visual das fases do projeto, que muito se assemelham às corcovas desses animais.

Através dessa proposta de horários de corte, coloque, então, sua Cadeia de Valor numa escala de tempo e garanta a melhor representação de sua sincronizada interação entre processos de negócio!

Pontos-Chave

• Cronograma planejado com turnos e horas das equipes de trabalho.

• Identificação das dependências críticas da cadeia de valor.

• Estimativas dos tempos de execução dos processos.

• Registros de comunicação.

Como faz?

"Nós somos o que fazemos repetidamente. A excelência, portanto, não é um ato, mas um hábito." - Aristóteles

Falaremos sobre as descrições associadas às atividades...

Também conhecidas por "POP" (Procedimento Operacional Padrão), "PPO" (Procedimento Padrão de Operação), "NOP" (Norma Operacional Padrão) etc.

Ou seja, a simples nomeação de uma atividade não esclarece, por si só, toda sua intrínseca complexidade.

Tudo deve ser o mais simples e intuitivo possível, mas nunca simplificado ou resumido.

Por isso, é boa prática sempre haver alguma descrição complementar, algum texto que oriente o pleno entendimento do título de uma atividade; nem que seja através do complemento de um mínimo parágrafo adicional.

Já observarmos que as atividades são compostas por uma sequência de tarefas a executar. Assim, a real diferença entre os conceitos de atividades e tarefas reside na granularidade de suas definições e nomenclatura.

Ambas são escritas, preferencialmente, com verbos no infinitivo; por exemplo: "Conferir material", "Identificar procedimento", "Realizar técnica" etc.

Entretanto, tarefas são "menores" do que atividades, mais específicas em suas orientações e mais semelhantes a receitas de um passo a passo.

Por exemplo, considerando a descrição associada da atividade de processo "Realizar técnica", poderíamos ter a decomposição de tarefas em: "Aquecer estufa a 60 ºC", "Após estabilização da temperatura, incubar lâminas por 40 minutos" etc.

Muito importante é garantirmos uma segura e didática evolução do resultado de uma ação para uma nova situação; e, sequencialmente: nova ação, nova situação, nova ação, nova situação etc.

Vale reforçar o capítulo anterior de que toda atividade, toda tarefa, deve ter sua redação orientada ao próximo objetivo a alcançar, buscando constituir um completo "diagrama de estados" do processo ou da descrição da atividade de processo.

Testes de proficiência podem ser conduzidos, internamente, com diferentes funcionários, de modo a validar tanto a eficácia do conjunto de treinamento, como os obrigatórios resultados parciais idênticos ou com eventuais mínimas variações.

É uma etapa fundamental da boa gestão garantir a plena aderência aos conhecimentos, habilidades e atitudes que tornam o profissional mais competente para a execução de determinado processo.

Então, estude e valorize essas **boas práticas**! Pois elas definem os processos previsíveis...são "práticas-ouro"!

E, além da granularidade, outra importante atenção reside na rastreabilidade a existir entre uma atividade e suas tarefas relacionadas.

É estranho observar um único "POP" descrevendo todo um amplo processo, e não somente detalhando uma específica atividade desse processo.

Por vezes, o "POP" avança sem limites para descrever vários processos; mais se assemelhando a um completo guia ou manual de conhecimento de uma determinada área de atuação.

Daí, granularidade e rastreabilidade se confundem, tornam-se inconsistentes, por vezes incompletas (pela falta de clareza e dificuldade do entendimento) e ninguém entende mais nada do que está sendo mapeado ou por que está mapeando.

Assim, "baby steps", vá com calma! Siga costurando e alinhavando os pontos, encaixando os blocos. Não peque pelo descontrole do excesso ou da euforia. Assegure-se de que sua equipe respeita e segue os valores e as práticas dessa Parte I do livro. ;-)

"VOP" (Vídeo Operacional Padrão)

Acredito que esse termo nem exista, hehehe!

Em minha empresa, só aceito "documentos vivos": sempre atualizados, em constantes revisão e otimização, coesos em seu propósito e desacoplados de redundâncias com outros documentos; o que, por si só, já favorece que eles sejam enxutos e com menos páginas...preferencialmente, ainda me agrada que sejam redigidos como listas ordenadas ou numeradas.

Nada melhor, então, do que migrar tais "POPs" para "VOPs": do registro em papel para a demonstração, dinâmica e real, em vídeo...cenário ideal!

Comumente, não requer nada além de algum software de captura da atividade da tela do computador (em demonstração da sequência de passos) e, desejadamente, um microfone para acompanhar a narrativa do autor da tarefa.

Inacreditável, mesmo, como tal "conversão de mídia" multiplica, na prática, a produção de grato conteúdo relevante, em ágil apoio às descrições das atividades de processo...que é o exato propósito desse capítulo!

Assim, para institucionalizar sua gestão do conhecimento e para não esquecer mais nenhum detalhe de execução, experimente, também, a gravação de **"Vídeos Operacionais Padrão"**! ;-)

Pontos-Chave

- Descrições dos processos.
- Especificações técnicas.
- Listas de verificação.
- Revisão por pares[11].
- Processo de treinamento.

---
[11]https://pt.wikipedia.org/wiki/Revis%C3%A3o_por_pares

Com o que faz?

"*Um idiota com uma ferramenta ainda é um idiota.*" - Grady Booch[12]

Sobre o uso de ferramentas...

Por vezes, a execução de uma atividade de processo é uma ação tediosa, complexa ou suscetível a falhas humanas.

Automatizar é sempre uma boa opção, caso já se tenha o pleno entendimento de como funciona tal correlata execução manual.

Daí, surgem os apoios de diversas ferramentas eletrônicas, configuradas como sistemas de gestão para: qualidade, finanças, incidentes, relacionamento com clientes, avaliação do clima organizacional, liderança, inventário, melhoria contínua etc...tem de tudo.

Mas a ferramenta em si não pode ser o processo!

Assim, sempre garanta que qualquer ferramenta seja apenas um **adereço**, um complemento à atividade.

E nunca inclua, em suas descrições associadas (capítulo anterior), o explícito nome comercial de algum software ou do fabricante em uso corrente; pois, em algum momento de evolução ou de substituição, isso lhe exigirá um desnecessário esforço da edição do texto já ultrapassado.

Busque, então, o entendimento da função do uso da ferramenta.

Na ocorrência de uma falha desses sistemas, há de haver planos de contingência e ações para o contorno das mais amplas situações inesperadas.

Não se justifica a falta de aderência a um processo pela eventual indisponibilidade de qualquer ferramenta associada: sempre vale

---

[12]https://pt.wikipedia.org/wiki/Grady_Booch

mais rever se o processo em questão foi bem mapeado e otimizado.

Portanto, aqui se insere a necessidade da existência de roteiros de uso desses componentes, como um material de consulta e de capacitação para os treinamentos.

Nesses roteiros, experimente um tipo de "engenharia reversa[13]": de como avaliar as funcionalidades pré-configuradas da ferramenta em atendimento às exigências de seu processo personalizado e já existente...essa é a direção correta!

Ou seja, primeiro enumere os critérios e as necessidades de seus conhecidos processos, para, em seguida, confrontá-los com as características e funcionalidades de cada alternativa de ferramenta.

Sendo mais específico e exemplificando casos reais, cuidado com os grandes sistemas de integração corporativa (chamados de "ERPs[14]"), que prometem um imediato e completo planejamento de toda sua gestão empresarial, sem demonstrar o mínimo interesse em estudar, adaptar e respeitar os seus processos, tal como eles foram originalmente concebidos.

Acredito que tal risco seja o caminho mais rápido, e financeiramente mais caro, para o amplo fracasso da inteligência estratégica dos processos! A empresa acaba se adaptando à ferramenta; não sendo a ferramenta que se adapta à cultura vigente: fica, a partir desse momento, estabelecida uma dependência que limita e vai muito além da tecnologia...uma grande pasteurização, que diminue o sabor.

Cuidado, portanto, com as ferramentas mais importantes para a operação de sua empresa. Busque entender quais as condições, técnicas ou contratuais, que acabam por prendê-los a certos fornecedores de tecnologia. Comumente, podemos citar, como itens polêmicos a observar: condições de saída, distratos comerciais, multas rescisórias, períodos de contrato, tempo médio entre falhas, registros de eventos e incidentes, visitação e suporte técnico, prazos

---

[13]https://pt.wikipedia.org/wiki/Engenharia_reversa
[14]https://pt.wikipedia.org/wiki/Sistema_integrado_de_gest%C3%A3o_empresarial

logísticos, depreciação material, assessoria científica, atualização de versões e licenças de uso, formatos de bancos de dados, exportação de informações, backup e restauração.

Confesso que, mesmo com toda a atenção, ainda sigo, por vezes, caindo nessas armadilhas: há, no mercado de trabalho, a oferta de muitos produtos, serviços e contratos que escondem muita "má fé" (deslealdade intencional)...e nem sempre vem de empresas desconhecidas.

Assim, por favor, nunca vire do avesso seu processo devido a qualquer ferramenta; siga em criativa e livre melhoria.

Em natural aprendizado e evolução...não automatize seus erros!

"Não apresse o rio, ele corre sozinho", disse a terapeuta Barry Stevens. ;-)

Instalação Física do Negócio

Em preparação das estações de trabalho e portifólio de ferramentas eletrônicas, me vem à mente a figura do "Arquiteto[15]", do filme Matrix. ;-)

Evoluindo dos componentes lógicos para o layout físico do sistema, precisamos definir quais partes do "software" rodarão em quais partes do "hardware".

Assim, em qualquer empresa, é comum a presença dos chamados **servidores**!

Servidores são apenas computadores especializados por determinado tipo de serviço oferecido.

Um conceito simples, mas de importante entendimento e estratégia.

Da situação mais comum, temos, num primeiro exemplo, o **servidor web**, utilizado para a hospedagem do site corporativo.

---

[15] https://pt.wikipedia.org/wiki/Arquiteto_(Matrix)

O **servidor de email** é outra importante decisão, para uma robusta comunicação: atenção a essa escolha.

Já os sistemas integrados da gestão empresarial (mencionados ERPs , "Enterprise Resource Planning", acima), costumam rodar em centralizados **servidores de aplicação** e sua indisponibilidade é de alto risco à continuidade das operações: atenção ao planejamento de suas contingências.

Daí, uma ação de mitigação é a de utilizar máquinas virtuais (não físicas), constituindo os chamados **servidores de virtualização**; pois a ampla oferta de serviços "na nuvem" permite, hoje, a liberdade de estar em dois lugares "ao mesmo tempo", numa plena atuação remota.

Outras ferramentas a considerar incluem, por exemplo, sistemas para: conciliação bancária e contábil, produtividade, lista de tarefas, conferência por vídeo, mensagens instantâneas e gestão de senhas e credenciais.

Pontos-Chave

- Adaptação do Processo Padrão.
- Documento de Necessidades de Aquisição.
- Lista de Critérios de Avaliação de Soluções.
- Plano de Aquisição.
- Contrato e Acordos entre Cliente e Fornecedor.
- Roteiro de Preparação das Estações de Trabalho.

O que faz?

"Dentro de você existe mais força do que você imagina. Toda limitação tem origem na mente. Perceba se isso já não aconteceu com você: você enfrenta algo muito difícil de ser experimentado, um desafio que você duvida ser capaz de enfrentar. E, então, como não te resta outra alternativa, você enfrenta. E o mundo gira, o tempo passa, você olha pra trás e viu que, ufa, acabou. Você foi capaz. Você venceu." - entreouvido em rede social.

Sobre os produtos decorrentes da execução do trabalho...

"**Diga o que faz, faça o que disse e prove que fez**": talvez, esse seja o mais simples entendimento da gestão por processos.

Adicionamos aqui, nesse capítulo, a força da **evidência**!

Evidência é um conceito fortemente estabelecido numa cultura organizacional de processos.

Segundo a Wikipedia, evidência é o atributo de tudo aquilo que não dá margem à dúvida; pois remete à visibilidade, clareza e transparência.

E, se toda atividade de processo tem seu resultado associado, o produto de trabalho é a sua respectiva evidência de execução!

Produtos de trabalho acabam, na prática, sendo referências para as entradas e saídas das atividades de processo, independentemente se foram gerados, ou não, através do apoio de ferramentas (capítulo anterior).

Produtos de trabalho são comumente tidos como **itens de configuração**: informações e arquivos que precisam ser gerenciados de forma a realizar a entrega do serviço.

Assim, itens de configuração são armazenados, versionados e controlados por sistemas de gerenciamento dessa configuração, constituindo uma ampla e segura **biblioteca de ativos dos processos organizacionais**.

Tal repositório ajuda a organizar e localizar os arquivos, disponibilizando sua ampla consulta e sua plena recuperação.

Para melhor visualização, essa biblioteca costuma ser tabulada numa "Lista Mestra de Documentos", apresentando as evidências reais de que a gestão ocorre de maneira atualizada e completa.

Voltando ao nosso "dia 01", de quando fomos admitidos em novo emprego (o conhecido: "aqui está o seu computador"), boa parte do desespero inicial, de todos nós, envolve a falta de padrões e de organização.

É hora, então, de arrumarmos "almoxarifados" e "bibliotecas", separarmos o que é útil do que é inútil, estabelecermos a óbvia padronização, darmos visibilidade aos padrões, mantermos tudo limpo e disciplinadamente em ordem.

Com o apoio de um nomeado "Grupo de Processos" (ou "Rede de Especialistas"), cria-se esse conjunto de diretórios e subdiretórios, guias, roteiros e modelos, que facilitarão o desenvolvimento de qualquer próxima iniciativa para os resultados; é a base para qualquer Escritório de Projetos, de Processos ou da Qualidade.

Quem já executou tal "blitz", de arrumação eletrônica ou impressa, não esquece a grata sensação da consequente energia renovada, com tudo em seu devido lugar e com um lugar para cada coisa...experimente!

Estrutura de Diretórios e Arquivos

Aonde está mesmo aquele arquivo?

Dos exemplos de servidores apresentados anteriormente, o maior potencial de bagunça se localiza, sabidamente, no **servidor de**

arquivos, aquele que deve manter nossa Biblioteca de Ativos Organizacionais.

Daí, acho gentil compartilhar minha atual solução, orientada por processos, abaixo.

Um sugerido ponto de partida é o de nomear **um repositório de arquivos para cada área de conhecimento** da empresa e, dentro de cada repositório, estabelecer **um diretório para cada processo** da respectiva área de conhecimento; garantindo que, ali, estejam reunidos todos os modelos, guias, roteiros e produtos de trabalho, que orientam a completa execução de tais atividades de negócio.

Assim, da dúvida inicial "aonde está mesmo aquele arquivo?", a resposta seguirá, automaticamente, por "a qual área de conhecimento ele pertence?" e "a qual processo, dessa área de conhecimento, ele está associado?".

A melhor solução, enxuta e de fácil manutenção, entre vários arranjos já testados. ;-)

Clareza, Completude, Consistência e Rastreabilidade

E, em meio à produção de tantos documentos, como avaliar a qualidade desses artefatos?

Busco, então, eleger **4 critérios** a observar e reutilizar: clareza, completude, consistência e rastreabilidade.

À primeira vista, o documento deve estar limpo, sem rasuras ou setas que desviem sua leitura; a redação deve ser compreensível, com adequado nível de detalhes...isso vem da **clareza**.

Em seguida, o documento deve observar aderência ao seu respectivo modelo utilizado para criação, com todas as seções esperadas, com todos os campos preenchidos, sem ausências deixadas em branco...isso é **completude**.

Consistência e **rastreabilidade** envolvem o cruzamento das informações referenciadas em outras partes, documentos e etapas do processo.

E, somente assim, um documento estará aprovado e sem ações pendentes a acompanhar.

Claro, completo, consistente e rastreável; conforme queríamos demonstrar!

Pontos-Chave

• Plano de Documentação.

• Estrutura de diretórios e arquivos.

• Templates de Documentos (modelos para documentos, planilhas, apresentações, ata de reunião, definição de processo etc).

• Lista de Documentos (principais produtos dos processos).

Para quem faz?

"Falha na comunicação! É sempre igual: já estou aqui tendo um ataque nervoso. Fico louco." - Led Zeppelin

A tal da comunicação: onde todos os problemas se reúnem...

Respira, porque vai começar um capítulo cheio de problemas, hehehe!

Portanto, jamais negligencie as ações de comunicação!

Em exemplos...

Recorde-se de quem sempre responde seus emails, ao menos com algum agradecimento, onde nada fica sem resposta e a pessoa ainda mantém tal prática como um disciplinado processo pessoal de atenção, educação e respeito.

Relembre qualquer recente rodada de negociação ou reunião, onde intervenções com o correto tom de voz e a correta escolha das palavras fizeram toda a diferença.

Provavelmente, o melhor gerente de toda sua carreira nem chamava tanta atenção e circulava sempre de maneira discreta no dia-a-dia.

Sim, esse conhecimento é sutil, mas, ao mesmo tempo, muito gentil e especial.

Um processo otimizado em torno de suas comunicações sempre será um processo robusto e muito valorizado em qualquer empresa!

(pausa: reflita, por um instante, a força da frase acima)

Além do óbvio executor da atividade, entenda quem são os demais interessados em obter tais resultados.

Saiba quais os canais a utilizar para compartilhar o conteúdo relevante.

Perceba quais diretrizes de comunicação diferenciam o cliente externo do cliente interno.

Decida sobre quando recorrer a uma simples notificação instantânea ou quando é requerido algo que seja mais persistente, mais bem explicado, com possibilidades de posterior consulta e recuperação.

Pense, após feito o encaminhamento da mensagem, sobre como você irá garantir a eficácia através do meio de comunicação utilizado.

Se o contato foi por telefone, há claras (por vezes, formais) evidências do que foi debatido e acordado?

(dupla pausa, por todo o dinheiro que você já perdeu, devido à assinatura que não retornaram e você não cobrou, porque achou uma formalidade desnecessária)

Se ninguém responde nada, será que o assunto ainda mantém seu comprometimento garantido?

Será que ainda vale a desculpa de que "não recebi o email" ou "caiu no spam"?

E, se alguém berrar qualquer recado, através das divisórias do setor de trabalho, há alguma certeza de seu correto entendimento?

Qual o real valor atribuído às reuniões de trabalho que acontecem improvisadas e de maneira instantânea nos regulares encontros de corredor? Você reconhece sua importância?

Você está com seu bloco de notas sempre à mão ou com "post-its" no bolso?

Há modelos de mensagens padronizados, para melhor alcançar os objetivos das atividades de processo, considerando adequados conteúdo, redação, estrutura e formato? Ou cada um faz, fala e escreve do seu próprio (diferente) jeito? Desajeitado, mesmo?

Todos entendem sua letra manuscrita? Você se importa com sua caligrafia como uma forma de comunicação e respeito com o leitor de sua mensagem? Existe graça em "letra de médico"?

Daí, observe: a maior parte dos erros é, sim, de comunicação!

E falhas de comunicação custam muito caro!

Novamente, respire...e me desculpe tantas pausas! São apenas cicatrizes... ;-)

Então, comunique, logo, o seu **processo de escalonamento de problemas**, através do percurso da estrutura hierárquica da corporação!

Só mais uma pergunta: já pensou sobre quando um superior imediato deve estar ciente de algum incidente ainda não resolvido por instâncias mais imediatas?

Me recordo de um grato exemplo de mapeamento de processo feito objetivamente para que o presidente, no topo do organograma, sempre estivesse a par de qualquer atraso que atingisse um determinado limite máximo de horas, ao longo do desenvolvimento da solução e da gestão de problemas...um impressionante sinal de maturidade.

Opa, mas isso já é uma comunicação associada à gestão de riscos, que é o próximo capítulo!

Em integrado resumo: um bom planejamento da comunicação, iniciado por uma Política Organizacional para Comunicação Institucional, acaba por sempre envolver a já apresentada Lista Mestra de Documentos, contando com o apoio da estratégica de uso de ferramentas associadas.

As Interfaces de Comunicação para Clientes, Valores e Relacionamentos

Estendendo o debate acima, como garantir que os valores do negócio cheguem até os clientes, criando relacionamentos persistentes, através de conhecidos canais de comunicação?

Resposta: há de haver um "contrato", um nível de serviço estabelecido e um minucioso detalhamento dessas comunicações...senão, nada flui e tudo falha: não confie tanto no improviso (funciona mais no "jazz").

Todo negócio inicia numa solicitação do cliente. E, para cada solicitação de cliente, devemos definir, antecipadamente, como será gerenciada tal requisição...com isso, criamos "interfaces" que tratam, ao longo do caminho, essa troca de mensagens.

Assim, para cada "entrada", em cada etapa de nosso sistema de processos, buscamos estabelecer "saídas" previsíveis...formando, incrementalmente, nosso "contrato" de comunicação!

Com interfaces bem posicionadas, tudo fica mais bem definido, próativo e ágil, na comunicação entre clientes, valores e relacionamentos: um diagrama da interação!

E por que não batizar, ou entender, nossas interfaces como os gerentes?!

Afinal, gerentes são os responsáveis por resolver e orquestrar solicitações através dos recursos disponíveis.

É a ideia de "dividir para conquistar", de tornar uma parte complexa decomposta em suas partes menores: para cada parte interessada de seu negócio, liste quais ações são esperadas, eleja um ponto central de comunicação para tratar essas ações (a figura-chave do gerente) e, daí, distribua novas ações, ordenadas e bem específicas, para cada classe de negócio responsável por responder por sua respectiva parte da solução.

Na rotina do dia a dia de uma empresa, busca-se, então, eliminar as conhecidas fontes de aborrecimento, com uma melhor previsibilidade das solicitações mais comuns. Através delas, podemos pensar em fortalecer o relacionamento com clientes, os scripts de atuação, o fluxo interno, o atendimento dos prazos de liberação...na mencionada **matriz de responsabilidades**!

Quanto mais detalhada for essa lista de identificação das possíveis solicitações, melhor teremos entendimento de todas cerimônias, artefatos e papeis, que compõe o negócio.

E menos "surpresas negativas" aparecerão ao longo do caminho...

O mais importante é estabelecer uma nova perspectiva de análise, consolidar ideias e tornar o negócio um conjunto mais coeso.

Seguimos assim: refinando e complementando o **alto desempenho**.

Pontos-Chave

- Fóruns de Discussão ("Chat").
- Emails de comunicação aos interessados.
- Atas de Reunião envolvendo os interessados.
- Registros de Comprometimento dos interessados.
- Procedimentos de Resolução de Conflitos.

O que não faz?

"Mas, o que você me diz sobre correr riscos? O que você me diz sobre pular de cabeça? E sobre saber se existe um chão firme lá embaixo? Ou uma mão para te segurar; ou um inferno a pagar... O que você me diz?" - Celine Dion

Os riscos associados às atividades...

Para começar qualquer iniciativa, comece pelos riscos!

Sim, **riscos primeiro!**

Já estudamos alguns capítulos nesse livro e, tal como no ensino de qualquer metodologia de projetos ou de modelos de capacidade e maturidade, o tema Gestão de Riscos sempre aparece da metade para o final, tal como um tópico avançado de gestão: está errado, não deveria ser assim...

Gestão de Riscos é sobrevivência!

Há de se ter os objetivos das ameaças a mitigar e das oportunidades a explorar já nos primeiros encontros, nas primeiras reuniões, nos primeiros debates de qualquer novo processo.

É o tal do "Índice VDM": Vai Dar M#rd*! ;-)

Busque, então, identificar, o quanto antes, a tal lista de riscos que ronda o negócio: pense nas áreas de conhecimento ou siga seu atual fluxo de trabalho.

Uma gestão de riscos associada a uma gestão por processos é sempre muito mais sólida!

Importante frase acima.

Por isso, não se contente apenas com o fluxo típico, ideal, perfeito do processo, que não parece trazer à tona qualquer risco.

A realidade dos desafios está contida nos fluxos alternativos, de exceção ao caminho reto e direto.

É muito mais trabalhoso, porém é recompensador: aceite gastar mais tempo mapeando todas as tortuosas alternativas de um processo.

O fluxo típico não lhe custará nem 1/3 (um terço) do tempo correto para qualquer modelagem ou planejamento: valorize a riqueza das alternativas e exceções.

Atividades com boas respostas a riscos acabarão, enfim, por eliminá-los!

Respostas ineficientes do processo, entretanto, permitirão que o risco se concretize.

E, uma vez realizado o risco, um desejado **plano de contingências** apenas explica o que fazer quando já não há muito mais o que fazer...

Mantendo-se nos riscos, convide os demais interessados a participarem dessa monitoração. Será que todos têm a mesma percepção da probabilidade de ocorrência de um risco? Todos têm a mesma percepção do impacto se o risco for concretizado? Assim, a ordenação decrescente da prioridade, como um produto da multiplicação da probabilidade pelo impacto, torna o ambiente de trabalho mais colaborativo e mais seguro.

Talvez, o processo de mapear um processo inicie, e termine, pela estratégia de gerenciar seus riscos!

Uma nota sobre metodologias de riscos

Não se prenda tanto aos evangelistas. Pouco importa se os riscos são tratados em acordo com o PMBoK[16] (mantido pelo PMI) ou FMEA[17] (mantido pela ASQ). O importante é classificar os riscos de maior importância e, então, seguir para ações e respostas aos riscos.

Enquanto no PMBoK, Prioridade = Probabilidade X Impacto; no FMEA, RPN (Número de Prioridade do Risco) = Ocorrência X Severidade X Detecção.

Eu qualifico, tal como segue abaixo, minhas escalas; e, assim, sou feliz! ;-)

Sugiro, para a escala de **probabilidade** do risco:

- 1 - surpreso se acontecer
- 2 - pequena possibilidade
- 3 - pode acontecer
- 4 - provável que aconteça
- 5 - surpreso se não acontecer

Sugiro, para a escala de **impacto** do risco:

- 1 - insignificante
- 2 - 1 área afetada
- 3 - 2 ou mais áreas afetadas
- 4 - redução da qualidade
- 5 - serviço inoperante

---

[16] https://pt.wikipedia.org/wiki/Project_Management_Body_of_Knowledge
[17] https://pt.wikipedia.org/wiki/An%C3%A1lise_de_modo_e_efeito_de_falha

Pontos-Chave

- Política Organizacional da Gerência dos Riscos.
- Plano de Riscos com probabilidade, impacto e prioridade (probabilidade X impacto).
- Documento de Avaliação da Viabilidade da Iniciativa.

Por que faz?

"O imperador não compartilha sua visão otimista da situação. O imperador está muito descontente com sua aparente falta de progresso. O imperador não é tão indulgente quanto eu." - dicas de gestão por Darth Vader, Star Wars

Vamos, então, falar dos indicadores associados às atividades de processo.

E, por falar em **medição**: sim, aquilo que não se mede não é gerenciado; e isso é uma verdade.

Uma atividade somente executada é muito diferente, em seus resultados, de uma atividade gerenciada a partir de um processo definido, controlado e continuamente otimizado!

Trata-se de maturidade: um nível avançado em gestão por processos.

Se não acredita, sem tem dúvidas a esclarecer, meça!

E meça o quanto antes.

Busque estabelecer quais metas de desempenho e resultado se aplicam ao processo sob mapeamento; busque responder qual questão aquele processo elucida e resolve.

Daí, é seguir pelo ritmo da frequência de coleta de dados definida, pela etapa da análise gráfica e, então, por novos planos de ação; que poderão, sim, provocar necessárias adaptações em suas gestões de riscos e do processo.

Começamos, então, a fechar o ciclo da **melhoria contínua**!

E, para que não haja um excesso de indicadores e peso em seus processos, pense em estabelecer categorias de medição como as 4 perspectivas de um **BSC** ("Balanced Scorecard"): perspectiva financeira, perspectiva dos clientes, perspectiva dos processos internos e perspectiva do aprendizado e crescimento.

A integração das perspectivas dessa metodologia de medição e gestão de desempenho completam sua estratégia empresarial, a gerência do negócio, a gerência dos serviços e a gestão da qualidade.

Se não há nova questão, realmente inédita, a monitorar, não fique acumulando métricas semelhantes ou redundantes: descarte-as sem dó.

Na prática, o interesse e a curiosidade dos funcionários em saber os valores de cada mês (se melhoraram ou pioraram) é o que consolidará quais metas são as que realmente importam!

Estabelecendo certo "nível de serviço" para o indicador e respectiva atividade do processo, a auto-gestão dos times é favorecida e todos os funcionários são convidados a colaborar e se comprometer com os resultados do desempenho.

O Balanced Scorecard (BSC)

Se a estratégia é sair de um ponto A para um ponto B, sempre convém considerar diversos pontos de vista associados...mesmo que o ponto A ainda seja apenas um ponto inicial ou o instante zero.

Todo planejamento de negócio deveria, assim, se apoiar ou adaptar tal metodologia "BSC[18]" de gestão do desempenho, que contempla gratas e complementares perspectivas: **financeira** (para sermos bem sucedidos financeiramente), **dos clientes** (para alcançarmos mais clientes), **dos processos internos** (para satisfazermos os processos de negócios nos quais devemos alcançar a excelência) e **do aprendizado e crescimento** (para sustentarmos nossa capacidade de mudar e melhorar).

---
[18]https://pt.wikipedia.org/wiki/Balanced_scorecard

Fica a dica desse reuso, para orientar vários documentos: útil em muitos contextos!

Pontos-Chave

- Plano de Medição Organizacional.
- Relatório de Monitoração dos Processos.
- Lista de oportunidades de melhorias nos processos.
- Planos de ações corretivas.
- Análise da efetividade das mudanças realizadas.

Quando para de fazer?

"Acordo e vejo que está tudo bem. Pela primeira vez na vida, agora tudo é ótimo. Lentamente, olho em volta e fico impressionado. Penso nas pequenas coisas que tornam a vida boa. E eu não mudaria nada. Essa é a melhor sensação." - Avril Lavigne

OBS.: eu nem gosto tanto de Avril Lavigne, mas achei engraçado ter tido um leitor que reclamou de eu ter utilizado esse trecho de música, hehehe!

Enfim, chegamos à conexão final!

Observe que aqueles mesmos 4 critérios fundamentais, previamente apresentados no capítulo "O que faz?", seguem por toda nossa atuação em processos: completude, rastreabilidade, clareza e consistência.

Ao olhar para trás e revisar qualquer processo recém mapeado, tais entendimentos devem ser checados e, novamente, checados.

O processo é completo em suas atividades, em suas descrições e em seus resultados? Falta alguma coisa?

O processo mantém rastreabilidade entre início e fim, entre suas entradas e saídas, desse e dos demais processos? Eu sei localizar onde estou, em relação ao todo?

O processo é claro, didático e promove o aprendizado? Ou os fluxos estão confusos demais?

O processo está alinhado com suas respectivas: área de conhecimento, política e diretrizes mais gerais? Ou há conflito de informações ou de interesses?

Ao final, sempre vale, então, uma lista de verificação!

Listas de verificação identificam o que pode ser controlado e, objetivamente, questionam os itens que devem ser confirmados.

De qualquer modo, a conexão final de um processo tem sua maior relação com os cuidados da especial rastreabilidade.

Prefiro considerar que apenas a Cadeia de Valor (macroprocesso número 1) tem sua real condição de um único "início" e um único "fim".

Todos os demais mapeamentos derivados, têm apenas trocas de sinalizações da sincronia entre si.

O disparo inicial de um processo recebe, assim, o sinal da conexão final vinda de outro processo.

E, preferencialmente, é desejado que haja harmonia nessa evolução.

Daí, a preocupação em saber de onde viemos, para onde vamos, qual nível de granularidade estamos resolvendo; se estamos, por exemplo, mapeando um macroprocesso da política organizacional, ou sobre como descrever uma sequência de tarefas associadas a uma única atividade contida em algum processo.

"Um rumo e uma direção fazem a diferença em qualquer situação", disse Amyr Klink[19].

Toda essa conectividade deve estar amarrada tal como uma elaborada teia, na qual menos importa por onde começar: a partir de qualquer ponto, deve ser possível navegar, livremente, por uma contínua estrutura.

É tal como aumentar ou diminuir o zoom, aumentar ou diminuir o nível de detalhes que se deseja observar. Uma bela concepção, que aprendi a chamar de **percursos**!

Não é bacana, e de superior maturidade, poder estabelecer percursos a trilhar para, por exemplo, uma promoção de pessoal ou uma avaliação de competências?

No caso de um funcionário recém admitido, o percurso pode, então, constituir o próprio plano de treinamento inicial.

---

[19] https://pt.wikipedia.org/wiki/Amyr_Klink

No final, é desejado que se tenha obtido justificado orgulho pela caminhada da jornada em processos.

Como dizem os mais otimistas: se não deu certo, é porque ainda não chegou no fim! ;-)

Definição de Pronto

Aqui, cabe uma nota de atenção sobre aonde residem os maiores problemas de uma sequência de atividades: em suas interfaces!

Ao conectar atividades, onde espera-se que o resultado de uma seja a condição de início da próxima, verifique se os encaixes são perfeitos.

Tais encaixes devem ter a força e a previsibilidade de um "contrato": se sabemos as informações que passaremos adiante, devemos saber antever quais serão os retornos esperados.

Assim, se tudo está correto, o processo fluirá; se há dados inválidos, o próprio processo deve alertar sua interrupção.

Então, finalizar a execução de uma atividade não pode ser uma subjetiva questão de interpretação: devemos classificar, afinal, o que significa estar **pronto**!

Num real exemplo prático e objetivo, abaixo...

"A digitação do exame médico estará PRONTA para o próximo processo quando:

- Digitar corretamente o laudo;

- Revisar e preencher o checklist;

- Alocar corretamente os laudos digitados na estante para assinaturas;

- Manter o ambiente organizado e limpo."

É como num jogo de passar bolas adiante: se você lançou sua bola e o colega não pegou, seu trabalho esteve, realmente, pronto? E quem pagará o preço pelo retrabalho de buscar as bolinhas pelo chão? Quais as regras ao passar bolas? Quais capacidades devem ser treinadas? Qual o melhor arranjo estratégico do time para uma maior velocidade e um melhor desempenho?

Ao final do dia, siga para casa com o orgulho e a certeza do trabalho sempre **pronto**!

Verificação, Integração, Validação, Aceitação

Tudo ainda parece muito perfeito, sem desafiar o choque da realidade, o tal do "banho de rua"...

Testes poderiam, então, ser tanto o final de todo um desenvolvimento, como, por que não, já o início planejado de qualquer trabalho!

Afinal, não chegamos até aqui, para desistir agora! ;-)

E, para uma plena garantia de segurança, ao longo de todo o processo, de que estamos construindo algo de verdadeiro valor prático, testes podem, sim, orientar tudo desde sempre: é a mentalidade da abordagem do "desenvolvimento orientado a testes[20]".

E isso se aplica a qualquer tipo de desenvolvimento...

Testes são inevitáveis: todos somos assimilados por etapas de **verificação** e **validação**!

Num cotidiano exemplo, ninguém envia um email sem antes fazer uma breve releitura (verificação); embora nem sempre o destinatário compreenda nossa mensagem (validação).

---

[20] https://pt.wikipedia.org/wiki/Test-driven_development

Assim, entre a verificação interna e a validação externa, existem, minimamente e respectivamente, os testes de integração e os testes de aceitação.

Testes de Integração estão, na prática, diretamente relacionados à sua "interface gráfica do usuário"; quer dizer, o que vai à "vitrine" de seu negócio! Realmente, tal como uma "tela", daquilo que se vê!

Assim, desafie, questione, provoque como tudo irá funcionar, mas sempre aos olhos de seu cliente...saia do palco e aprecie (controlando a ansiedade) as operações vistas pela plateia!

O sucesso dessa integração será percebido numa grata e suave sensação de **fluxo**! Sem muito esforço, o trabalho flui, as interfaces se comunicam e as entregas são realizadas, continuamente.

Já nos **Testes de Aceitação**, quem avalia é o cliente: o resultado não está mais no julgamento técnico do especialista. Invista, assim, em muita Gestão do Relacionamento, na **Jornada e Experiência do Cliente**! Se possível, crie um programa (conjunto de projetos) para amplo relacionamento com clientes. Trabalhe marketing, prospecção, vendas e sempre meça a satisfação!

O Mínimo Produto Viável

Em resumo, a melhor abordagem prática para equilibrar, colaborativamente, etapas de desenvolvimento e etapas de testes é seguir, incrementalmente, pelo lançamento de consecutivas versões de seu produto ou serviço.

A cada pequeno incremento, verifique sua integração e valide sua aceitação!

Isso torna tudo muito mais gerenciável!

Menor escopo, maior foco, maior agilidade nas eventuais ações de contorno, maior aceitação do risco e maior inovação na exploração das oportunidades: aqui, menos é mais!

Em meu exemplo pessoal, por que esperar para lançar um livro de 300 páginas, se eu posso agregar novas edições a cada ano?

Tal proposta, do "Mínimo Produto Viável[21]" (MVP), nos faz provar logo o nosso modelo de negócio e ajustar nossos planos!

As Lições Aprendidas da Pergunta Definitiva

Em uma escala de 0 a 10, o quanto você nos recomendaria para um amigo ou colega?

Isso é o que realmente importa, segundo Fred Reichheld[22], autor do livro A Pergunta Definitiva[23].

Define-se, então, uma métrica de lealdade do cliente, reflexo de sua experiência e satisfação: o **Net Promoter Score (NPS)**.

Essa deve ser sua mais simples e ampla **pesquisa de opinião**! É de fácil coleta e análise e, por ser um indicador global, ela ainda permite que seu desempenho seja comparado com resultados de outras empresas, que também adotem tal medição.

Lições serão aprendidas!

O que deu certo? O que contribuiu para o sucesso? O que deu errado? O que faremos diferente? O que não sabíamos antes que sabemos agora?

Nada melhor do que tais perguntas, para rever, regularmente, como evolui seu negócio!

Assim, forneça, a todos os participantes dessas rodadas, um entendimento adequado da iniciativa que está sob avaliação e produza

---

[21]https://pt.wikipedia.org/wiki/Produto_vi%C3%A1vel_m%C3%ADnimo
[22]https://pt.wikipedia.org/wiki/Net_Promoter_Score
[23]https://www.amazon.com.br/Pergunta-Definitiva-Edi%C3%A7%C3%A3o-revista-atualizada/dp/8550802557

planos que identifiquem "o quê" e "como" será a execução das próximas medidas, garantindo que sejam documentadas as experiências relacionadas ao uso de seus produtos ou serviços.

O grande teste!

Pontos-Chave

- Representação da Interação entre os Processos.
- Guia para "Definição de Pronto" dos Macroprocessos.
- Critérios de Avaliação da Qualidade dos Produtos Finais.

Quando para de fazer?

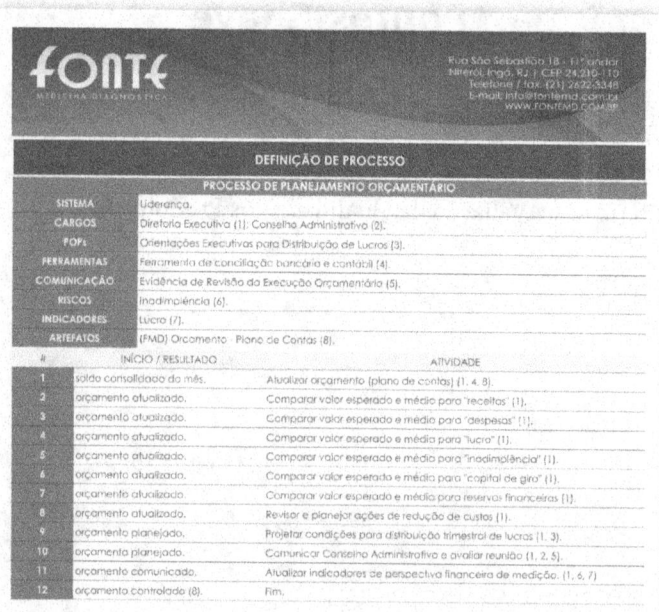

Quando para de fazer?

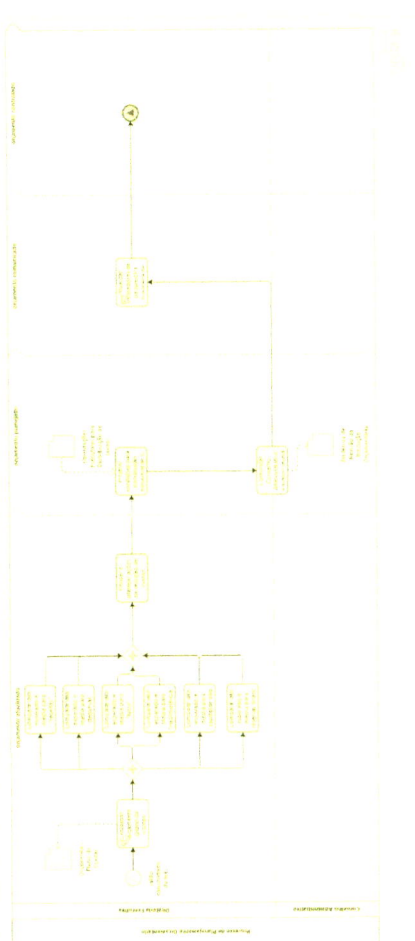

O que diz que faz?

"E naquele instante ele viu o planeta inteiro: cada vila, cada cidade, cada metrópole, os lugares desertos e os lugares plantados. Todas as formas que se chocavam em sua visão traziam relacionamentos específicos de elementos interiores e exteriores. Ele via as estruturas da sociedade imperial refletidas nas estruturas físicas de seus planetas e de suas comunidades. Como um gigantesco desdobramento dentro dele, ele via nessa revelação o que ela devia ser: uma janela para as partes invisíveis da sociedade. Percebendo isso, notou que todo sistema devia possuir tal janela. Mesmo o sistema representado por ele mesmo e o universo. Começou a perscrutar as janelas, como um voyeur cósmico." - Frank Herbert[24]

Bem, já entendemos que **políticas organizacionais** implementam diretrizes personalizadas de conceitos de **áreas de conhecimento** atuantes em seu negócio.

Daí, vimos nascer os primeiros **macroprocessos** de sua cultura organizacional.

Também observamos que o macroprocesso número 1 é sua **Cadeia de Valor**.

De maneira prática, introduzimos todos os termos que envolvem a **gestão por processos**.

E debatemos os importantes **adereços** que enriquecem toda a sequência de atividades!

Agora, vamos reunir a formalização disso tudo, num apropriado documento.

A opção mais comum é a de desenhar **fluxogramas**, para representar, graficamente, o fluxo do processo mapeado.

---

[24]https://pt.wikipedia.org/wiki/Frank_Herbert

Outra opção possível é a de escrever, numa **representação textual**, a sequência de atividades do processo.

Ambas soluções seguem ilustradas, anteriormente, nas imagens de abertura desse capítulo!

E ambas têm suas vantagens e desvantagens.

Da representação gráfica (nesse caso, feita através do software gratuito Bizagi Modeler[25]), destaco a clareza da visualização; porém me incomodam quando os desenhos estão mal alinhados, irregularmente espaçados ou muito apertados. Fluxogramas são, realmente, atrativos. Assim, o design pode ajudar a trazer beleza; ou, em pouco tempo, pode tudo ficar feio e desengonçado...aqui, nessa opção, há garantido esforço para manter o cuidado.

Da representação textual (nesse caso, feita em simples planilha MS-Excel), me agradam, demais, a agilidade para a edição e a usabilidade da solução: não há muito esforço de treinamento para o uso; entretanto, alguns usuários reclamam de alguma perda da visão geral. Na pressão e na rotina do acelerado dia a dia, acredito que tais vantagens trazem agradáveis conforto e produtividade. Essa tem sido minha escolha padrão: na tradução de novo aprendizado em formal conhecimento de processos, não consigo tempo para pensar em editar retângulos, losangos, bolinhas, triângulos, setas e todas as demais formas geométricas da representação gráfica, hehehe!

Observe, então, mais uma vez, lado a lado, as semelhanças entre as duas representações.

Ambas soluções devem inibir que o mapeamento se estenda sem controle, sem considerar as fronteiras do processo em questão; buscando, então, limitar o espaço em acordo com o conteúdo. Prontamente, reprove qualquer mapeamento de processo de escopo muito grande ou de enorme complexidade de decisões: simplesmente, na prática, não vai rodar!

Independente de sua melhor escolha da representação desejada, é

---

[25] https://www.bizagi.com/pt/produtos/modelagem-de-processos

fundamental que todo o conjunto de processos mapeados fique "vivo", rapidamente atualizado, com pleno versionamento, sempre disponível para consultas, treinamentos ou melhorias.

Que todos mantenham ação direta sobre o cuidado, com uma gestão por processos plenamente atualizada. Tal como cuidar de um jardim: podar árvores, molhar e retirar, todo dia, as ervas daninhas.

Independente do tempo de existência da empresa, você perceberá que todo modelo é dinâmico, que vale à pena ser construído de um modo que garanta o planejamento dos negócios em constante atualização.

O melhor apoio vem quando, após treinamentos e maior maturidade organizacional, já há a possibilidade de receber colaborações de funcionários de todos os níveis hierárquicos, de maneira espontânea e inteligente.

E, sobre o momento da execução (ou até da automação) desses processos, falaremos adiante.

Por ora: mantenhamos simples!

Mais exemplos adiante...

SIPOC

Quando falamos de mapeamento de processos, muitos trazem à tona a representação SIPOC[26], que tem, sim, seu valor.

Basicamente, o SIPOC descreve os elementos que formam sua sigla: "**s**uppliers" (fornecedores), "**i**nputs" (entradas), "**p**rocess" (processo), "**o**utputs" (saídas) e "**c**ustomers" (clientes); e garantem, então, uma ampla **visão geral** do processo sob estudo.

Embora ainda um pouco simplificada...

[26] https://pt.wikipedia.org/wiki/SIPOC

O que diz que faz?

Acredito ser improvável uma empresa detalhar dezenas de diagramas SIPOC, como padrão adotado para a modelagem de seus processos.

Partindo do ponto central, que é a descrição das atividades do processo, procura-se explicitar quais são suas respectivas entradas e saídas e quem são seus fornecedores e clientes.

Tal organização é bem didática, de fácil abstração e promove uma importante análise (inicial) de seu...macroprocesso!

Sim, o SIPOC se aplica muito bem ao desenho de sua mais ampla Cadeia Primária de Valor.

Pontos-Chave

- Documentação dos Processos.
- Infográficos.

PARTE II O PROCESSO GERENCIADO

Nas primeiras edições do livro, essa organização em 2 partes, que julgo bem didática, entre processo definido e processo gerenciado, ainda não existia...embora seguissem já escritos, na sequência, a maior parte dos capítulos restantes.

Tal motivação veio dos comentários recebidos, através dos registros na página do livro na Amazon[27].com.br: uma baita e grata surpresa!

Colabore por lá, também! ;-)

Na sua maioria, são comentários de elogios e/ou sugestões, mas todos com muito respeito e educação em suas eventuais críticas.

Não imaginava atingir períodos de **top 10** dos ebooks de gestão de liderança e projetos empresariais!

Por isso, sinceramente, sempre procuro ler e reler cada comentário, assimilando e refletindo através da melhoria contínua...em coleta de dados e análise de causa raiz. ;-)

Assim, procurei, agora, estender um pouco mais essa Parte II; mantendo-a ainda leve, sem pesar na Parte I, mas diferenciando-a de uma maneira bem transparente, pragmática e real...que também poderia, então, ter se chamado "**afinal, como se faz gestão a partir daqui?**"!

Muitos dos novos capítulos seguem nesse exato sentido: em demonstrar como faço uso, verdadeira e diariamente, de tais conceitos de processos, em sólida formação da cultura organizacional...para, então, valorizar toda a experiência prática da gestão!

---

[27]https://www.amazon.com.br/Gest%C3%A3o-Por-Processos-Na-Pr%C3%A1tica-ebook/product-reviews/B07C97D448/

Vamos em frente! ;-)

Como faz o que disse?

"Nós seremos um ecossistema em miniatura. Seja qual for o sistema que um animal escolha para sobreviver, deve basear-se num padrão de comunidades interligadas, interdependentes, trabalhando juntas para o objetivo comum, que é o sistema." - Frank Herbert, "Os Filhos de Duna"

Como gerenciar processos?

Ok, todos já estamos cientes dos processos mapeados, estamos comprometidos e confortáveis com sua evolução.

Todos também colaboram e são responsáveis em sua auto-gestão.

O que mais falta, então?

Minha resposta: gerencie o sistema!

Como dito, não gerencie diretamente pessoas: gerencie o sistema, em prol das pessoas.

E faça tudo isso funcionar bem, em conjunto.

Na prática, então:

1. na ocorrência de um próximo e inevitável erro interno em sua empresa,

2. não saia esbravejando em busca do culpado,

3. nem interrompa o colega do lado para um breve desabafo;

4. apenas respire e consulte o respectivo mapeamento do processo em questão,

5. de maneira bem objetiva, revise sua leitura (se necessário, o imprima, para facilitar);

6. daí, inicie um coletivo debate desse erro,

7. sempre com base no processo!

Somente assim, consigo vislumbrar o grato uso adicional de ferramentas da qualidade, como "5W2H[28]", "5 Porquês[29]", "Ishikawa[30]", dentre outras.

É a abordagem correta e madura: tente reclamar e ameaçar menos.

De novo, pois isso é muito difícil: tente reclamar e ameaçar menos.

Anote, em algum controle diário, quantas vezes foi capaz de "morder a língua", "contar até dez" e seguir em evolução do respectivo processo, como sua ferramenta de sucesso!

Se estiver indo super bem, nos primeiros dias, é porque, certamente, os problemas ainda não foram grandes ou desafiadores o suficiente: anos e anos depois, eu também sigo em diária atenção e disciplina...é um maravilhoso exercício *mindful* (consciência no momento presente), acredite!

E não se desespere: mesmo quando tudo der muito errado, ainda sempre teremos as canções de Paul McCartney! Risos; mas é o que mais funciona para mim, naqueles dias de difícil retorno do trabalho para casa...uma breve licença poética e filosofia de vida do autor! ;-)

Retomando...

Faça uso dos processos mapeados e, novamente, mapeados; em constante otimização!

Analise se a causa raiz do erro foi devida a alguma atividade ainda não explicitada no desenho do processo, alguma falha na atribuição da responsabilidade ou alguma necessária descrição de procedimento operacional em apoio à execução de alguma atividade mais complexa.

Falta complementar algum adereço à atividade de processo?

---

[28]https://pt.wikipedia.org/wiki/5WH
[29]https://en.wikipedia.org/wiki/5_Whys
[30]https://pt.wikipedia.org/wiki/Diagrama_de_Ishikawa

Se desejado, considere indicadores, conforme já apresentado, para tal monitoração de efetividade da melhoria contínua implementada.

Caso o erro seja "externo", já tendo ultrapassado os limites da empresa e atingido o cliente, siga do mesmo modo; apenas com maior rigor de formalização, classificação do impacto do evento adverso causado, mais treinamento e foco na gestão dos riscos.

É que, após o erro cruzar tal fronteira, já se trata mais de um incidente, problema, ocorrência e contorno do que somente uma desejada melhoria contínua.

E, por favor, observe: a famosa sigla em inglês "BPM" ("*Business Process Management*" ou Gestão dos Processos de Negócio) não é o nome de qualquer ferramenta eletrônica de apoio à execução!

"BPM" é, afinal, a indicação de uma área de conhecimento, tal como apresentado em capítulos iniciais; e tal amadora confusão ainda é percebida em muitos eventos e organizações.

Ao gerenciar o sistema, você está mantendo a atenção de todos com foco no desenvolvimento dos processos de negócio.

O importante é que se tenha em mente que, em avanços da direção executiva, busca-se a excelência, busca-se fortalecer o modelo de negócio mapeado e zerar qualquer lista conhecida de não conformidades.

Sim, é uma rotina diária de convencimento e convencimento, pois as pessoas são, de maneira semelhante, insistentemente complicadas... (risos)

Com uma base sólida e conhecida, estamos pré-dispostos a montar quaisquer comitês, conselhos e cerimônias.

Experimente, então, "Reuniões Diárias[31]", para constante orientação dos grupos de trabalho; experimente ter mais de uma mesa de trabalho pela empresa (tal como uma "**gerência itinerante**");

---

[31] https://en.wikipedia.org/wiki/Stand-up_meeting

nomeie seu **Grupo de Processos**; confraternize e ofereça mentoria num "Café com a Diretoria" etc...porque todo mundo gosta de ser tratado de maneira especial!

A organização vivencia, agora, uma feliz e segura cultura, institucionalizada por processos!

Alinhar, Alinhavar, Delinear...Estrategicamente

Considere o cargo mais alto da hierarquia.

Aquele cuja descrição de cargo é a de estabelecer as demais descrições de cargos.

Aquele que mantém a direção da missão, visão e princípios da empresa.

Pois ele é o ponto inicial, único, a partir do qual tudo mais deve derivar e se manter conectado.

Tal identificação é requisito para preparar, ajeitar e compor um sistema que funcione de maneira síncrona, em sintonia, integrada e coesa...indivisível. Um sistema adaptável, colaborativo, igualado pelas mesmas regras.

Esse é o nosso entendimento de "**Alinhamento Estratégico**": de uma posição bem definida, coser, costurar, enfileirar os objetivos de negócios, a seguir implementados em objetivos táticos e, então, executados em objetivos operacionais, formando um dinâmico corpo de conhecimento na organização.

Assim, tanto o claro entendimento das estratégias de negócio, como os resultados obtidos com a monitoração do desempenho dos processos, mantém a adequação desses objetivos enfileirados de longo, médio e curto prazos.

A existência de critérios perfilados para a seleção das melhorias a implantar favorecem o alcance da inovação e a pronta resolução dos problemas.

Busca-se, por fim, executar o que seja necessário, suficiente e sustentável, de forma a atender as oportunidades de negócio, os investimentos identificados, os recursos, conhecimentos e habilidades requeridos...ou seja, os objetivos estratégicos da organização!

A Gestão do Sistema

Pode parecer estranho, mas ainda acho que vale mais um pouco de esclarecimento adicional desse tópico.

Abaixo, um caso real...

Estava lá, numa etiqueta presa ao computador da gerente administrativa: "gerencie o sistema, não gerencie pessoas"...e o estrago já estava feito na cabeça da recém admitida analista, que se especializava em RH.

Antecipando o final da história, a analista pediu demissão poucos meses depois e, em sua entrevista de desligamento, registrou ser um absurdo a existência de tal frase: seu real incômodo...com todo o respeito, eu fui refletir.

Há muitos anos, acompanho a carreira de Jurgen Appelo[32], um dos gestores mais influentes da atualidade, desde que ele iniciou sua transição da Tecnologia da Informação para um mais amplo mundo de negócios...já estávamos, de maneira semelhante, no mesmo caminho!

E no capítulo "*Merit Money*", de seu livro "Liderando Para a Felicidade[33]" (tradução da publicação em inglês "*Managing for*

---

[32]https://jurgenappelo.com/about/
[33]https://www.amazon.com.br/Liderando-Para-Felicidade-Jurgen-Appelo/dp/6588431139/

Happiness[34]", anteriormente entitulada "*Management Workout*"), há meu relato de caso, da implementação batizada como "**Colaboração Monetária**", em minha empresa, desde 2013.

Em brevíssimo resumo, um "*game*" no qual colaborar gera dinheiro real (R$), a partir de uma moeda fictícia, um Banco Central, um sistema de câmbio e (o mais legal) uma Folha de Pagamento criada, indiretamente, pelos próprios funcionários! Uma solução para revolucionar qualquer tradicional distribuição de lucros... Para saber mais, "*Merit Money: A crazy idea that works*[35]" e "*3 Years of the Merit Money System, a Revolution on the Recognition Methods Proposed by Cláudio Pires*[36]".

De toda admiração e com muito orgulho, essa frase, "gerencie o sistema, não gerencie pessoas", eu aprendi com Jurgen Appelo!

Por isso, uma ocorrência de erro deve funcionar assim:

- identificar o processo,
- identificar a respectiva atividade do processo,
- identificar as tarefas da descrição dessa atividade,
- identificar o treinamento do ator da atividade,
- avaliar o treinamento do ator da atividade.

Ou seja:

- se não há processo mapeado, o erro está no sistema.
- se há processo, mas a atividade não é clara, o erro está no sistema.
- se há processo e atividade, mas a descrição é insuficiente, o erro está no sistema.
- se há processo, atividade e tarefas, mas não há registros de treinamento, o erro está no sistema.

---

[34]https://www.amazon.com.br/Managing-Happiness-Games-Practices-Motivate/dp/1119268680
[35]https://management30.com/blog/getting-rid-of-the-problem-salary-negotiations/
[36]https://www.infoq.com/news/2017/03/three-years-merit-money-system/

- se há processo, atividade, tarefas e treinamento, busca-se revisar a eficácia do treinamento sistêmico.

Tudo muito objetivo! O ambiente de trabalho se torna organizado, gerenciado, calmo, produtivo e seguro. Até chegarmos em qualquer demissão, é um loooongo (e bem anunciado) caminho.

Por isso, em nosso contexto de negócios, "gerenciar o sistema" é sempre um **convite** a atrair os melhores recursos humanos, é a garantia de sair de casa para o trabalho, e do trabalho para casa, com um justificado orgulho do correto alinhamento.

Pontos-Chave

- Plano de Ações de Melhoria.
- Atas das Reuniões Diárias.
- Relatório de Acompanhamento da Execução das Ações.
- Registros de Escalonamento de Ações Corretivas Não Tratadas.

Como prova que fez?

"Eu disse sinto muito amor, estou te deixando essa noite. Encontrei alguém novo, ele está esperando no carro lá fora. Meu bem, como você pode fazer isso? Nós dois juramos amor eterno! Eu disse sim, eu sei, mas, quando fizemos isso, havia uma coisa que não estávamos pensando, e é o dinheiro: dinheiro muda tudo, dinheiro muda tudo."
- Cyndi Lauper

Afinal, qual o valor dos processos?

1) Gestão por processos é custo ou investimento?

2) Gestão por processos é apenas um modismo ou dá lucro?

3) Gestão por processos é mais uma rígida metodologia ou traduz uma abordagem natural?

4) Quando a pressão do dia a dia apertar, jogaremos tudo para o alto, sem método, ou manteremos aderência àquilo que acreditamos? E quando a situação dificultar ainda mais, cederemos a uma barulhenta "caça às bruxas", cortando cabeças pela empresa e, ainda, com direito a sangue e fogueira em praça pública?

5) E depois, num próximo emprego, eu seguirei com a gestão por processos ou aceitarei qualquer regra antiga e amadora da nova casa?

6) Essa é a questão: depois de fazer parte de algo grandioso, você consegue retomar uma atuação medíocre?

Não se iluda: essas são as reais perguntas críticas, que só sabem responder aqueles que têm as cicatrizes que evidenciam a prova da implantação de tal mudança de cultura.

Experimentarei, assim, respondê-las abaixo, pois elas nos aproximam do final de nosso grato aprendizado.

1) Gestão por processos é custo ou investimento?

Sim, gestão por processos dá lucro; e muito! Senão, comece a quantificar, totalizar e monitorar, em acordo com seu Plano de Medição, as perdas estimadas para cada novo erro que interrompe o desejado ciclo do **"certo da primeira vez"**. Com disciplina, chega-se a montantes nunca antes imaginados ou percebidos: é o indicador do **"dinheiro que escorre pelas mãos"**; e reflete quanto dinheiro é "deixado sobre a mesa", por uma acomodada e flácida ineficiência. Em minha empresa, já estimamos que o "certo da primeira vez" pode vir a garantir mais 2 salários por ano (com o décimo terceiro, chega-se a 15 salários). Por isso, não ignore que você também está perdendo dinheiro. É fácil de provar: para cada próximo erro interno de seu time, monetize a perda, em R$. Contabilize, simplificadamente, apenas os custos diretos, de material e mão de obra. Quanto custa o que se jogou fora? Quanto vale o tempo desperdiçado no retrabalho, em "homem-hora"? Some as duas perdas de recursos, para cada erro, disciplinadamente. Em próprios exercícios e evidências históricas; elas superaram duas folhas salariais de pagamentos! Mesmo numa empresa orientada por processos...

2) Gestão por processos é apenas um modismo ou dá lucro?

Não acredito ser modismo, pois também me irritam todos os demais evangelizadores de plantão e suas soluções inseguras ou inacabadas, atuando sempre em benefício próprio. Engraçado como o termo **"consultor"** caiu em desuso, com um rebaixado valor de marca agregado; e, agora, é substituído pela nova onda do "coach", não é?!

3) Gestão por processos é mais uma rígida metodologia ou traduz uma abordagem natural?

Sim, gestão por processos é **natural**: dá para treinar e iniciar seu uso sem qualquer dicionário de termos ou sem traduções do inglês! A cultura por processos pode vir a ser implantada antes de qualquer certificado ou diploma. Dá, até, para ensinar, basicamente, uma criança de 7 anos (evidência ao final do capítulo).

4) Quando a pressão do dia a dia apertar, jogaremos tudo para o alto, sem método, ou manteremos aderência àquilo que acreditamos? E quando a situação dificultar ainda mais, cederemos a uma barulhenta "caça às bruxas", cortando cabeças pela empresa e, ainda, com direito a sangue e fogueira em praça pública?

Seguir por posturas ultrapassadas, arrogantes ou grosseiras é sempre uma opção; depende da personalidade de cada um...mas **eu não recomendo**. ;-)

5) E depois, num próximo emprego, eu seguirei com a gestão por processos ou aceitarei qualquer regra antiga e amadora da nova casa?

Entenda que, numa entrevista de emprego, a excelência em processos faz muita, muita diferença! Até, porque, **se aplica a qualquer área de atuação ou indústria**. E quem não se admira com um raciocínio claro e bem estruturado?

6) Essa é a questão: depois de fazer parte de algo grandioso, você consegue retomar uma atuação medíocre?

Infelizmente, é difícil recomeçar do zero, sempre; mas não é impossível! Assim, repito o que já falamos antes, sobre o poder dos processos na eliminação do venenoso retrabalho. Caso ainda não tenha ouvido falar do tema "gestão ágil", "agilidade" ou "Scrum[37]", sugiro grata consulta na Web: as boas práticas se unem e se complementam. Mas pratique, pratique e pratique!

Sobre a Abordagem Natural

Sempre desconfie quando alguém se mostrar especialista de algum assunto, mas justificar que o tema é muito complicado para uma rápida explicação.

---

[37] https://pt.wikipedia.org/wiki/Scrum_(desenvolvimento_de_software)

Uma vez, me disse uma professora na universidade: "a minha faxineira sabe, sim, o que é polímero; ela sabe diferenciar, na prática, polietileno de polipropileno ou poliestireno". É um aprendizado real, concreto, sabe?!

Por outra vez, minha filha me surpreendeu com sua "lista de brincadeiras para o dia", priorizada pela ordem das brincadeiras mais desejadas e com algumas tarefas opcionais (caso o tempo permitisse)...é claro que amei, hehehe!

Esses são exemplos "naturais", descomplicados e de muito resultado!

Estranho é observar livros enormes, com dezenas de capítulos introdutórios, complicando temas simples, como, em mais um exemplo polêmico, as técnicas para levantar requisitos para processos...aff!

Por favor, para iniciar o desenho dos processos, a gente, simplesmente, conversa!

Obviamente, a gente conversa de uma maneira estruturada, mas não passam de conversas; sejam entrevistas, reuniões, questionários, treinamentos ou dinâmicas de grupo, com breves anotações visuais num quadro branco.

Acredite, é suficiente!

Observação: para fechar negócios, a gente, também, simplesmente, conversa! ;-)

Algumas coisas não mudam tanto através das gerações; e, talvez, por isso mesmo, elas sejam tão essenciais!

Uma Breve Nota da Gerência Ágil

Muito se fala sobre agilidade.

Basta uma rápida busca, na web, pela palavra-chave "Scrum[38]" e já se percebe a quantidade de resultados.

Sim, métodos ágeis são fascinantes!

Percebe-se, também, que os "evangelistas de plantão" não param de apontar novas siglas em inglês e indicar o que é conceitualmente certo ou conceitualmente errado...haja paciência.

Por isso, indo direto ao ponto, o mais bacana da agilidade é combinar passado, presente e futuro, em análises muito bem definidas!

Esse é o ponto-chave!

De maneira ordenada, busca-se aceitar a entrada de novas demandas, devidamente priorizadas. Daí, elege-se o conjunto de tarefas que serão prontamente trabalhadas. E, ao final do período estabelecido, revisam-se os resultados da entrega e do processo utilizado para essa entrega.

Com base numa pilha de necessidades montada no passado, hoje eu decido o que vou fazer, como pretendo chegar numa situação futura e, naturalmente, a produtividade já está acordada! Qualquer eventual imprevisto também é absorvido e segue contido no conhecido processo, para a pronta resolução.

É, realmente, bem legal: exige **ritmo**, **disciplina** e **comprometimento**, em clara relação com o **tempo**!

Pontos-Chave

- Estratégia de Integração e Verificação dos Processos.
- Medição do Custo do Retrabalho.
- Relatório de Ocorrências (Lista de Problemas Identificados).
- Plano de Treinamento Operacional.

---

[38]https://pt.wikipedia.org/wiki/Scrum_(desenvolvimento_de_software)

Como melhora o que foi dito?

"Eu ainda não terminei de mudar. Estou na corrida, mudando. Eu posso ser velho, eu posso ser jovem, mas eu ainda não terminei de mudar." - John Mayer

A tão repetida "melhoria contínua"...

Aceite: pronto, pronto mesmo, nunca vai estar! ;-)

Como num videogame: a cada fim de fase, vem uma nova...e mais difícil!

Ou pense num Bonsai[39]: sobre como cuidar, diariamente, do jardim.

Assim, chegamos nesse capítulo, onde tudo parece já estar pronto...mas não está!

Senão, vejamos abaixo.

Sempre admirei profissionais que tratam seus resultados como o **"estado da arte"**, o mais alto nível de desenvolvimento, a obra prima!

E, daí, vem a questão de como aplicar toda essa atenção e cuidado aos processos...

A meta é incorporar mais inteligência ao mapeamento dos processos, tornando-o:

mais dinâmico e menos estático,

com mais decisões arquiteturais e menos foco no simples desenho de fluxogramas,

com sua entrega de valor sempre otimizada,

---

[39] https://pt.wikipedia.org/wiki/Bonsai

com detalhes rodeando as atividades mais críticas;

garantindo, então, mais inovação!

Dessa maneira, tudo que aqui já apresentamos e toda a disciplina de processos se mantém "mais jovem" e os modelos amadurecem "sem enferrujar". Não é belo?

Por ora, cheguei numa lista (ainda incompleta, hehehe) de itens que julgo como "**melhores utilizações**" ou "**piores erros**", e que requerem nossa constante revisão.

Afinal, não é difícil cair em tais armadilhas.

Assim, seguindo o exemplo de Martin Fowler[40] e seus "Code Smells[41]", apresento, abaixo, o estilo de "por que facilitar (processos), se a gente pode complicá-los"...

• "**O Processo Mal Cheiroso**": de cara, você já percebe quando algo não vai bem, que está mal arrumado, complexo demais ou, simplesmente, não tem como funcionar. "Cheira mal", sabe? Do capítulo anterior, aqui, nesse ponto, não estaria traduzida uma "abordagem natural", que possa vir a ser implementada com fluidez. Falta óbvia clareza!

• "**A Atividade Duplicada**": cada atividade é importante, cada atividade é única e, então, cuidado para não mapear processos que mais se assemelham a uma longa redação de frases repetidas.

• "**O Mapeamento Pouco Intuitivo**": em complemento ao "cheiro do processo", por vezes, são incluídos diversos comentários e notas sem qualquer associação aos adereços das atividades já estudadas. Daí, é comum que esse erro seja "resolvido" incorporando o erro acima, de "atividade duplicada"...ficando tudo ainda mais errado. Busque, por favor, maior precisão!

• "**A Longa Descrição de Atividade**": seguindo na implementação de erros, por vezes, reclama-se que não há espaço para uma adequada nomeação do título da atividade. Não se consegue ler, seja na

---

[40] https://pt.wikipedia.org/wiki/Martin_Fowler
[41] https://en.wikipedia.org/wiki/Code_smell

tela do computador ou na folha impressa, o texto que ficou cortado. Lembre-se, então, que "toda forma corresponde a uma função" e, assim, respeite os limites que servem a determinado objetivo.

• "**O Processo Extenso**": para que se preocupar com a rastreabilidade e sincronia do fluxo dos processos se podemos escrever tudo de uma só vez, numa única folha A0? Atenção: se não cabe numa página A4, estamos, obviamente, falando de mais de um processo, embora todo misturado.

• "**A Longa Lista de Parâmetros**": é tanta exigência para executar uma atividade, que se enumeram muitos critérios de entrada (ou de saída) em requisitos para a atividade. Chega a dar medo de se responsabilizar por tal parte do processo. É claro que tal "contrato" é desejado, porém, mais uma vez, cuidado com a "granularidade" de suas escolhas. A "mágica" está no uso da correta "granularidade"!

• "**Os Parâmetros Temporários**": ao contrário do erro acima, nesse caso são estabelecidos muitos critérios opcionais para o início da atividade. Tanta coisa não obrigatória incorpora ainda mais insegurança ou complexidade desnecessária à execução.

• "**A Má Identação**": há uma pobre notação percebida no processo. Tudo está desalinhado, irregularmente espaçado, sem qualquer simetria. Por vezes, o processo "não respira", de tudo tão "apertado" na diagramação visual...o que, então, dificulta o aprendizado e o entendimento. Fluxogramas costumam cair demais nesse erro: seja pela perda de tempo necessária à arrumação, seja pela perda da beleza estética. Parece inofensivo, mas cuidado!

• "**O Processo Invejoso**": numa complexa navegação entre processos, pode-se observar que um processo decide fazer, por conta própria, uma operação destinada a outro processo. Ignora-se, aqui, o motivo de algum comportamento precisar ficar, propositalmente, separado entre diferentes processos. Tal erro se assemelha ao "processo extenso", mas costuma causar problemas de consistência.

• "**A Intimidade Inapropriada**": ao contrário do "processo invejoso", aqui há processos que só se mantém acoplados, fortemente unidos: não tem jeito, há algo de errado; pois qualquer edição, em um processo, poderá ser desastrosa para todo o conjunto. A atribuição de responsabilidades deve ser, assim, melhor definida.

• "**O Legado Recusado**": se processos estão contidos dentro de processos, constituindo macroprocessos, corre-se o risco da perda de tais alinhamento, consistência e rastreabilidade. Macroprocessos passam, então, a ser mal reutilizados e mal representados por seus processos ali contidos.

• "**A Atividade Preguiçosa**": quando a atividade, simplesmente, não retorna qualquer valor, não serve para muita coisa. Há de ser eliminada ou assimilada[42]. Aqui, temos uma variação da "atividade duplicada".

• "**A Complexidade Artificial**": para "chamar a atenção", para "criar dificuldade", processos são forçadamente indexados a outros processos, numa estrutura que requer maior abstração para um pleno entendimento. Não faça isso: siga pela elegância do que é simples ("menos é mais").

• "**A Descrição Pouco Intuitiva da Atividade**": tudo bem, o nome não é excessivamente longo, porém sua identificação também não diz nada. Podem, ainda, ser identificadores excessivamente curtos. Tal como outros erros acima, esse também prejudica a leitura do processo.

• "**O Código Morto**": e ainda temos casos nos quais os processos contém atividades que nunca são executadas. Acredite: é um desnecessário "peso extra".

Sobre Meta Processos

Um processo para definir processos.

Um processo para revisar e otimizar processos.

---

[42]https://pt.wikipedia.org/wiki/Borg_(Star_Trek)

A beleza de qualquer "framework[43]", de toda abstração reutilizável, chega aqui, nesse ponto: quando se cria um "corpo de conhecimento" com processos genéricos que irão instanciar outros processos reais.

Aprecio esse nome de "meta processos", que irão institucionalizar a gestão por processos em um superior nível de maturidade da organização!

Abaixo, segue, em exemplo, a aplicação prática de meu **Processo para a Gestão Por Processos e Melhoria Contínua**, apenas simplificado, aqui, pela apresentação de sua formatação (sem detalhamento de adereços às atividades).

#1 (evento, incidente ou problema) Identificar área de conhecimento associada.

#2 Identificar processo de negócio associado.

#3 Registrar evento, incidente ou problema (registro da melhoria).

#4 Aprovar registro do evento, incidente ou problema (aprovação da melhoria).

#5 Alocar colaboradores para evento, incidente ou problema (responsável pela melhoria).

#6 Desenvolver evento, incidente ou problema (execução da melhoria).

#7 Revisar impacto sobre processo de negócio mapeado (processo atualizado).

#8 Comunicar nova versão do processo (processo comunicado).

#9 Aprovar nova versão do processo (processo publicado).

#10 Executar "Processo para Plano de Treinamento".

#11 Atualizar situação do evento, incidente ou problema (controle da melhoria).

---

[43]https://pt.wikipedia.org/wiki/Framework

#12 Monitorar nova ocorrência do evento, incidente ou problema (monitoração da melhoria).

#13 Seguir em melhoria contínua.

Pontos-Chave

- Processo para Definição de Processos.
- Processo para Melhoria de Processos.
- Avaliação de Lições Aprendidas.

fONTE

RELATÓRIO DE MEDIÇÃO

Rua São Sebastião 18 – 11º andar
Niterói, Ingá, RJ | CEP 24.210-110
Telefone / fax (21) 2622-5548
E-mail: info@fontemd.com.br
WWW.FONTEMD.COM.BR

DEFINIÇÃO

INDICADOR
OBJETIVO
QUESTÃO
PROCESSO

CUSTOS DA BAIXA QUALIDADE

COMO COLETAR

AUTO/MAN	FREQUÊNC		AMOSTRA	
TIPO DE DADO	X contínuo	- contagem	- classificação	

COMO ANALISAR

TIPO DE GRÁFICO	X histograma	- tendência	- barras

ESTATÍSTICA DESCRITIVA

META	LIM INF	LIM SUP
MÉDIA	MIN	MAX

GRÁFICO

MEDIÇÃO

RESULTADO DO INDICADOR

POR QUÊ?
POR QUÊ?
POR QUÊ?
POR QUÊ?
POR QUÊ?

ANÁLISE

PLANOS DE AÇÃO: O QUE FAZ PIORAR? RESPONS PRAZO

PLANOS DE AÇÃO: O QUE FAZ MELHORAR? RESPONS PRAZO

MELHORIA

Como faz (quase) de tudo?

"Você poderia ter um trem a vapor, se você apenas libertasse seus trilhos. Você poderia ter um avião voando, se você trouxesse de volta seu céu azul. Tudo que você precisa é me chamar: eu serei qualquer coisa que você precise." - Peter Gabriel

Nada de parecer complicado, complexo, custoso ou demorado; nossa proposta é S.M.A.R.T.[44]: e**S**pecífica, **M**ensurável, **A**lcançável, **R**ealista e em **T**empo.

A ferramenta que mais reutilizo cabe numa simples folha A4!

E isso me deixa feliz! ;-)

Trata-se de um **mini projeto de melhoria**, embutido em cada indicador de desempenho da medição organizacional...tal como apresentado na imagem anterior, de abertura do capítulo.

A proposta desse infográfico é garantir uma plena aderência conceitual ao modelo DMAIC[45], do Six Sigma, de maneira bem simples.

O problema é **DEFINIDO** através das orientações do cabeçalho, com os campos: "objetivo", "questão", "processo" e "custos da baixa qualidade".

MEDIDAS são coletadas ("auto/manual", "frequência", "quantidade de amostras" e "tipo de dado") e plotadas em gráfico ("histograma", "gráfico de tendência" ou "barras"), com mínima estatística descritiva ("meta", "limite inferior", "limite superior", "média", "valor histórico mínimo" e "valor histórico máximo").

A **ANÁLISE** dos dados segue os "Cinco Porquês[46]", até à causa raiz.

---

[44]https://en.wikipedia.org/wiki/SMART_criteria
[45]https://pt.wikipedia.org/wiki/Seis_Sigma
[46]https://pt.wikipedia.org/wiki/5WH

A **MELHORIA** vem dos planos de ação ("o que faz piorar?" e "o que faz melhorar?"), com prazos, responsáveis e situação **CONTROLADOS**...até a próxima revisão!

Gosto de um indicador de desempenho por página A4: tal limitação impõe objetividade.

Gosto, também, do indicador de desempenho tal como um mini projeto de melhoria contínua, que respeita o passado (o que não sabíamos antes que sabemos agora) e que testa incertezas para o futuro (o que faremos diferente).

E, se é um projeto, todo indicador deve respeitar seu regular ciclo de vida: início (definições e medidas), meio (análises gráfica e estatística) e fim (planos de ação e próximo controle).

Na prática, já vi muitos cansativos projetos Six Sigma: de muitas páginas, muito esforço, muita formalização e, o pior, partindo de premissas erradas ou chegando a conclusões precipitadas.

Acredito que a força de um novo modelo está na **iteração**, em aumentar a quantidade de repetições de projetos menores.

Iteração, em consulta ao dicionário: ato de iterar, repetição; na álgebra, processo de resolução de uma equação mediante operações em que, sucessivamente, o objeto de cada uma é o resultado da que a precede.

Assim, há mais valor numa abordagem mais essencial (atenção, de novo, à granularidade) e de muita repetição (por exemplo, frequência mensal), que, certamente, levará ao pleno entendimento do comportamento histórico dos resultados e de sua provável projeção futura.

Está aí, de maneira natural: **um enxuto sistema de controle estatístico, com processos continuamente monitorados!** ;-)

C.Q.D. (Conforme Queríamos Demonstrar).

Sobre Reutilização

Vamos começar?

Primeiro passo: comece pelos **modelos** e "*templates*"!

Por quê?

Porque o senso de reutilização é forte indicador de maturidade!

Lembre-se do conceito de "gestão", apresentado em capítulos iniciais: os recursos são limitados e os resultados devem ser otimizados...não perca tempo, nem qualidade; reutilize!

Aqui, a descrição de um cenário típico é fácil: refletindo sobre os exemplos de uso do MS-Office...

Pergunta: quantas versões de layouts de planilhas existem em sua empresa?

Resposta: quantas os usuários conseguirem criar.

Pergunta: quantos formatos de documentos?

Resposta: ué, precisa de documento pré formatado?

Pergunta: você já percebeu documentos que deveriam ser, na verdade, planilhas?

Resposta: sim, mas o usuário não sabe usar o MS-Excel.

Pergunta: e planilhas que deveriam ser simples documentos de texto?

Resposta: sim, mas o usuário acha o MS-Word sem graça.

Pergunta: quanto tempo você gasta preparando uma apresentação?

Resposta: 1 dia para o conteúdo e o resto da semana com efeitos, animações etc.

Do que já conversamos, as breves situações acima estão repletas de retrabalho, perdas monetárias e muito amadorismo...e são problemas, sim, de gestão!

É garantido que você precisará de alguns modelos básicos, abaixo.

- Modelo para Documentos.
- Modelo para Planilhas.
- Modelo para Apresentações.
- Modelo para Ata de Reunião.

Afinal, toda empresa precisa desses artefatos para produtividade; padronize-os logo.

Não sei o que é pior: se dedicar à execução de um trabalho desnecessário, que nem precisava acontecer; ou deixar de fazer aquilo que, obrigatoriamente, deveria ter sido feito.

E, aqui, nesse momento, o trabalho é decisivo e tem sérias consequências.

Minha sugestão: trabalhe em parceria com um designer, para a inquestionável publicação de seus próximos modelos de planilhas, documentos e apresentações.

Estabeleça a estrutura e a funcionalidade, enquanto o profissional com a devida competência evolui necessários aspectos visuais.

Sim, há de haver grato equilíbrio entre forma e função, há de ser tanto bonito e elegante, como prático e ágil...limitando, propositalmente, indesejáveis modificações por usuários.

Toda a empresa deve seguir tal identidade visual em seus artefatos.

Somente em casa, em ambiente pessoal, é que a gente começa uma planilha ou documento qualquer em branco e se preocupa em escolher o tipo da fonte, o tamanho, as cores, cabeçalho, rodapé etc: essas decisões já foram tomadas no ambiente profissional!

E é muito desejado que você trabalhe, o quanto antes, outros modelos importantes à sua gestão por processos.

- Modelo para Matriz de Riscos.
- Modelo para Indicador de Desempenho.

- Modelo para Definição de Processo.

Foi exatamente assim que comecei meus primeiros dias de atuação executiva, como CEO: rodada de riscos imediata, seguida por definições de medição e o compromisso da gestão por processos.

Desenvolva todos seus artefatos sempre com foco na reutilização!

Identifique quais outros documentos têm oportunidades para serem, sistematicamente, reaproveitados.

E siga montando sua coleção de aplicações que compartilham padrões e características comuns, ao longo de seu ciclo de vida, em elegante resultado!

Pontos-Chave

- Modelo para Indicador de Desempenho.
- Modelo para Planilhas.
- Modelo para Apresentações.
- Modelo para Documentos.
- Modelo para Ata de Reunião.
- Modelo para Definição de Processo.
- Modelo para Descrição de Procedimento Operacional Padrão.
- Modelo de Relatório da Medição Organizacional.

Mentoria com a Diretoria

" Ei, cara, já faz um tempo, você se lembra de mim? Quando fui para as ruas, eu tinha 17 anos: um pouco selvagem, um pouco ingênuo; passei por altos e baixos e, nesse meio tempo, após todos esses anos e milhas e lembranças, ainda estou perseguindo sonhos...e odeio olhar para trás! Eu gosto da cama em que estou dormindo: é como eu, está desgastada, não está velha, está somente mais velha. Como o jeans favorito e surrado, estou contente comigo mesmo: não estou velho, estou somente mais velho. " – Bon Jovi

Mais prática, por favor!

E mais proximidade entre os extremos da estrutura hierárquica, também.

Tudo sem fofocas...

...com muito mais confiança!

Assim, do **Processo de Gestão da Capacidade dos Times** e do trabalho de gerenciar os incidentes, orientar as ações de contorno, gerenciar os planos de ação, priorizar a melhoria contínua, monitorar a comunicação, executar as cerimônias planejadas, manter o ambiente informativo e coletar a satisfação dos clientes (internos e externos) é que surgiu a necessidade de formar mais lideranças na empresa.

E, nesse exercício da liderança, para o alcance das metas e estratégias, para melhor conhecer as equipes, surgiram tais reuniões individuais, **um a um**, diretor e colaborador, conduzidas sempre a partir de um prévio roteiro personalizado de mapa mental de ideias a apresentar, batizadas de "Mentoria com a Diretoria Executiva"! ;-)

Sem muita paciência para reuniões de *"feedback"* (olhar para trás, para o passado, pelo "espelho retrovisor"), optamos por encontros mais "*feedforward*": de olhar para o futuro, observando, do presente, os caminhos que se abrem à frente!

Afinal, a vida é feita de escolhas.

Assim, abaixo, detalho vários relatos de caso, nos quais busco evidenciar como a **gestão por processos** é sempre a presença constante, central, uma premissa forte e uma solução muito abrangente para todas as diferentes orientações e suas diversas questões demonstradas!

Uma gestão por processos na prática!

Caso de Mentoria 1

Limitar um processo seletivo de admissão a determinados cursos de ensino superior, por vezes, já descarta várias oportunidades mais enriquecedoras.

Assim, contratei um estudante de engenharia com o imediato propósito de ajudar e vê-lo se formar. Da situação apresentada, me angustiava a situação dos estudos interrompidos pelos problemas financeiros. A vaga disponível era, tecnicamente, bem mais simples, mas havia o interesse do candidato. Também sou engenheiro e tal condição pesou.

Nas primeiras semanas, a facilidade de absorver o novo trabalho, obviamente, se demonstrou e trouxe tranquilidade às operações da empresa. Nos meses seguintes, obteve-se o êxito da graduação e a desejada formatura. O que fazer, então, a partir daí?

Numa primeira reunião de mentoria, escolhi esse colaborador, de modo a debatermos, de maneira transparente, o hoje e o amanhã.

Iniciamos pela valorização dos princípios que norteiam qualquer engenheiro: a capacidade de abstração, a capacidade de análise, o senso de organização, o costume de estar envolvido com a complexidade, um pensamento orientado por sistemas e, então, a **orientação a processos**.

Tal conjunto de atributos é sempre muito rico e adaptável para qualquer empreendimento! E isso explica por que há engenheiros presentes em diversos setores da economia.

Em nossa sessão, seguimos no raciocínio de transformar tudo isso em mais e mais iniciativa. Dentro de uma específica área de conhecimento de atuação, repassamos cada processo de negócio existente e classificamos em quais havia maior proficiência ou uma latente oportunidade de aprendizado. Avançamos, ainda, para a percepção de todas as outras áreas de conhecimento disponíveis na empresa, através das políticas organizacionais setoriais ainda não exploradas. Chegamos até a interface externa da organização com as auditorias contratadas para a revisão da implementação de modelos de capacitação e maturidade, como o exemplo da ISO 9001.

E, com todo esse portfólio de processos exposto sobre a mesa, ficaram claras as opções nas quais o colaborador poderia contar com a empresa, caso decidisse migrar da engenharia para a administração, agregando algum complemento de MBA e de idioma.

A mentoria foi realizada e a escolha segue, genuinamente, livre...gratificante, independente de qualquer decisão.

Caso de Mentoria 2

Por vezes, a mentoria é uma grata cerimônia para apresentar e desafiar ideias ainda bem preliminares, num ambiente mais reservado de colaboração.

Nessa ocasião, havia meu entendimento de que algumas mudanças esperadas pelos sócios-diretores só aconteceriam com uma nova reorganização da estrutura físico-funcional da empresa; e, então, convidei esse colaborador para repensarmos juntos tal organograma: num instigante exercício de **análise e design de processos!**

Por que mantemos unidades e setores "verticalizados" se os processos são "horizontais" e cruzam, cortam toda a estrutura?

Os times de processos são diferentes dos times de trabalho?

O cargo de gerente é, na prática, uma função de assistência à diretoria?

O cargo de analista é, na prática, uma função de liderança organizacional?

O cargo de auxiliar é, na prática, uma função de especialista em processo de negócio?

Como realocar atores e processos?

Por que cada estação de trabalho tem sempre uma cadeira e um computador? Por que não duas cadeiras para um mesmo computador e um trabalho sempre em par, em constante revisão, em alternância da execução e com o treinamento das melhores práticas unidas em tempo real?

O uso de 2 recursos humanos simultâneos para uma mesma atividade minimizaria as perdas do retrabalho e compensaria uma qualidade superior do serviço pronto?

Essas foram as questões trabalhadas e, em seguida, avaliadas quanto aos potenciais ganhos a obter: de escalabilidade, de inovação e de alto desempenho...um exercício inspirador!

Caso de Mentoria 3

"Eu vejo um horizonte trêmulo, eu tenho os olhos úmidos, eu posso estar completamente enganado, eu posso estar correndo pro lado errado; mas a dúvida é o preço da pureza e é inútil ter certeza" - "Infinita Highway", Engenheiros do Hawaii.

A letra de Humberto Gessinger resume esse terceiro evento de mentoria.

Se um colaborador e um representante da alta gerência da empresa discordam entre si, quem tem a razão? Não sei...

Daí, voltamos a recorrer aos processos e ao **gerenciamento do sistema!** ;-)

Aqui, procuramos revisar, inicialmente, como evoluir do estudo de um específico processo já mapeado, para o apoio no gerenciamento desse processo e contribuir com melhorias para esse processo, até se tornar/ser considerado um especialista no processo em questão.

Nesse primeiro instante, já percebemos a importância de nossa atuação na organização, somos convidados a fazer a diferença e, então, seguimos valorizados e confiantes na boa execução.

Ampliando tal análise para demais processos de negócio, estendemos a compreensão de que podemos fazer qualquer pergunta sobre processos e obter respostas! Entendemos que os processos nos mantém informados e orientam nossa atuação, que os erros são analisados com base no processo mapeado e, quanto mais eu me dedico a tais aprendizados, mais o trabalho rende, dentro do horário planejado.

A empresa busca, nesses casos, traduzir que a gestão por processos cria um lugar gratificante de muitas oportunidades para se trabalhar, que pode haver realização profissional, que somos 1 só time, que podemos equilibrar nossas vidas pessoais e profissionais, com a condição do trabalho ser feito com dedicação.

Caso de Mentoria 4

Nem sempre a gestão por processos faz mágica...

Por vezes, "a gente repete que quer, mas não busca; e, de um modo abstrato, se ilude que fez", disse Oswaldo Montenegro em sua canção.

Esse funcionário acabou sendo desligado, por não ter conseguido emplacar toda essa mentoria baseada no tema **alto desempenho**...embora o caso 3 acima já explique que nem sempre sabemos quem está com a razão.

Nas motivações tratadas para o desenvolvimento das competências, falamos sobre:

• conhecimentos de alto desempenho, em processos, tecnologia e ciência;

• habilidades de alto desempenho, em gerenciamento visual e melhor comunicação;

• atitudes de alto desempenho, para auto revisão, revisão por par, execução em par, ritmo, planejamento e disciplina.

Acreditávamos que, daí, surgiriam, naturalmente, as inovações desejadas...mas, infelizmente e com todo o respeito, não foi o caso.

Caso de Mentoria 5

Adoro o termo "**champion**"!

Há muito tempo, uns vinte e poucos anos atrás, participei de um primeiro processo seletivo de alto nível: entrevista individual, em inglês, num hotel chique à beira-mar no Rio de Janeiro, respeitosamente após o expediente de trabalho, eu de terno e gravata...e o recrutador-executivo vestido bem à vontade, de bermuda e chinelo! ;-)

O tema da seleção era esse: contratar um "champion", para um empresa multinacional a se instalar no Brasil; e, hoje, entendo melhor cada detalhe daquele dia, que favorecia tal busca.

Resumindo em poucas palavras: **auto gestão**!

Porque a gerência de um "champion" flui suavemente, sem precisar formalmente de se ter um cargo de gerente. É favorecida a comunicação, a motivação e a qualidade. Menos importa a hierarquia, a burocracia e o famoso "comando e controle".

De maneira semelhante, existe um livro que trata disso: "The End Of Management[47]".

Valores, como foco e atenção, controle emocional, educação e escolaridade, ajudam a liderar pelo exemplo e a formar um agente da mudança...desde que se esteja disposto a perder o tal do "concurso de popularidade", hehehe!

Atrair processos cada vez mais colaborativos e promover times auto gerenciáveis, requer envolvimento no tempo e na capacidade de cada time.

Inovar sistemas à prova de erros constitui uma árdua e contínua otimização.

E, por fim, mudar envolve uma estratégia de também mudar a forma da mudança...fomentando, na conclusão dessa sessão, uma grata democracia organizacional!

Caso de Mentoria 6

E como resolver, através dos processos, o abismo que isola universidades e empresas?

Bem, eu acho que só escrevendo um novo livro (minha real intenção, nesse caso). ;-)

Independente do "CR" (Coeficiente de Rendimento) obtido no histórico escolar, é muito raro perceber uma preparação mínima para o mercado de trabalho daqueles que estão de saída do curso superior...eu, certamente, já fui um deles!

Desse embrionário *"brainstorm"* de lamentos, já surgiram mais de um evento de mentoria de estagiários com a diretoria.

---

[47]https://www.amazon.com.br/End-Management-Rise-Organizational-Democracy/dp/078795912X

A ideia básica é trabalhar o estágio como um projeto: com início, meio e fim; avançar num planejamento que garanta vivências práticas diretamente associadas ao currículo das disciplinas teóricas; complementando, mais realisticamente, os fáceis e inofensivos exercícios de qualquer sala de aula.

Me apropriando de mais uma canção: "eu apenas queria que vocês soubessem...", riria Gonzaguinha!

Um Plano de Estágio conduzido tal como um convite para uma grata trajetória e seus diversos "percursos" a escolher. Responder, minimamente, quem somos e como trabalhamos por aqui!

Processos são tão gentis como convites.

Caso de Mentoria 7

Certa vez, participei de um café da manhã com os aniversariantes do mês, em antigo emprego.

Eventos, assim, são interessantes, em grandes empresas, pois misturam cargos e setores livre e aleatoriamente.

Entretanto, me recordo de que, em nossa mesa, somente uma pessoa falava: era a mais velha, de maior hierarquia e mais alto salário. Comecei achando estranho tal comportamento...

Era como se todos os demais, presentes naquela mesa, fossem jovens ingênuos, imaturos, inexperientes, inseguros, irresponsáveis etc...o monólogo demonstrava, claramente, que não éramos levados a sério por aquela dita "liderança".

Daí, veio a chocante frase: "se você não vira gerente até os 30 anos, esqueça; nunca mais será gerente, não serve para a função". Em seguida, obviamente, todos começaram a se perguntar as respectivas idades, para a qual respondi: "ok, não virarei gerente mesmo, hehehe"...eu tinha 29 anos e meu cargo, então, era de engenheiro pleno. Chegando em casa, naquele dia, senti o peso daquela frase, que, realmente, me assustou.

Para essa sétima mentoria, 19 anos depois, resolvi praticar o que acredito como CEO, em sincera resposta à enorme asneira que ouvi e relatei acima: existe idade correta para tornar-se gerente? Qual a idade máxima? Qual a idade mínima? Eu ainda não sei...

Comecei a sessão com uma breve diversão, lavando a alma dos meus próprios demônios, curtindo uma música de criança que diz: "quero começar, mas não sei por onde, onde será que o começo se esconde?"...para mim, as melhores gerências ainda se fazem essa pergunta, diariamente!

Daí, seguimos o treinamento por um percurso planejado que nos apresentava sucessivas competências juniores, plenas e de reconhecida senioridade; tal como um jogo de tabuleiro, até chegar à pergunta final: "por que não eu?".

Ah, como eu gostaria que assim tivesse sido aquela conversa lá atrás, naquele evento de aniversariantes...aprendi, de maneira bem diferente e com algumas cicatrizes, que uma bela presença executiva traduz, primeiramente, uma personalidade ética, de seriedade e de apego à honra e ao dever!

E todos, todos seguem convidados! ;-)

Caso de Mentoria 8

Todo leitor desse livro confirmará, agora, que eu sou um fã da saga de "Duna", de Frank Herbert, composta de 6 livros da "série original": Duna (1965), O Messias de Duna (1969), Os Filhos de Duna (1976), O Imperador-Deus de Duna (1981), Os Hereges de Duna (1984) e As Herdeiras de Duna (1985).

Todos meus funcionários já sabem, há tempos, disso! (risos)

E, conhecendo a figura do "Imperador-Deus de Duna", meio humano, meio animal (hehehe), alguns temem esse encontro mais pessoal, por não saberem quem estará ali presente (ou mais atuante): a parte humana ou a parte animal?

Desse universo, trilhar o "Caminho Dourado" se refere a estratégias para evitar a destruição final da humanidade, em previsões de várias ameaças à espécie.

Em adaptação à empresa, seguimos nessa mentoria específica por uma série de "perguntas e respostas" muito diretas, duras, concretas e com muita força no poder dos processos: "diga o que faz, faça o que disse e prove que fez".

- Quantos processos têm em seu setor?
- Quais/Quantos processos você já foi treinado?
- Quais processos você já leu?
- Quais/Quantos processos você sabe desenhar, imediatamente, num rascunho?
- Qual a última data que você recorda leitura?
- Quais processos você já treinou sua equipe?
- Em quantos processos você colaborou com melhorias?
- Quantos processos estão fracos ou inacabados na redação?
- Como você controla suas evidências de execução dos processos?
- Como você controla as evidências de execução dos processos do time?
- Quais manuais de auditorias você já leu?
- Para quais capítulos de manuais de auditorias você tirou dúvidas de dificuldades?
- Quantos POPs têm em seu setor?
- Quais/Quantos POPs você já foi treinado?

- Quais POPs você já leu?
- Para quais capítulos de POPs você tirou dúvidas de dificuldades?
- Quantos VOPs têm em seu setor?
- Quais VOPs você já assistiu?
- Quais VOPs você já gravou?
- Quais infográficos você já leu?
- Em quantos infográficos você colaborou com melhorias?
- Quais/Quantas estações de trabalho você sabe desenhar, imediatamente, num rascunho?
- Você tem interesse em reforçar seu Português?
- Você tem interesse em aprender Inglês (ou Espanhol), após reforço de Português?
- Você tem interesse em apoio financeiro para o ensino superior?
- Como você percebe sua liderança?
- Você entende o **"Desafio do Caminho Dourado"** acima?

Pontos-Chave

- Mapas Mentais.
- Processo para Gestão da Capacidade dos Times.
- Programa de Formação de Lideranças ("Conheça Seu Time").
- Cultura Organizacional da Gestão Por Processos ("O Poder dos Processos").

Escola Piloto de Processos de Negócio

"Quando você está à beira de um precipício, você não olha para baixo, até que esteja preparado e pronto para voar. Agora, eu estou um passo mais próximo, com os meu braços abertos. Sim, eu estou um passo mais próximo e eu estou pronto para tentar desta vez." - Bon Jovi

Recapitulando...

Não custa repetir, para fixar...

O poder dos processos está sempre em seu resultado de maior eficiência da execução!

Todos já conhecemos exemplos de cenários de muita imprevisibilidade, de fraco controle, de uma postura sempre reativa e de muito retrabalho, retrabalho e mais retrabalho. E retrabalho envolve desperdício, envolve perdas de tempo, de material, de dinheiro e de satisfação.

Retrabalho é, conforme visto, venenoso!

Com criatividade, os processos buscam, então, identificar os erros, corrigir os defeitos e alinhar os esforços; o quanto antes, o mais breve possível. Processos favorecem a fazer o "certo da primeira vez"!

É um trabalho persistente e meticuloso; de coser, costurar, enfileirar os objetivos de negócios, mapear seus processos, e mapeá-los novamente, em constante otimização, formando, então, um dinâmico corpo de conhecimento na organização.

Na prática, quando houver a ocorrência de um próximo e inevitável erro em sua empresa, não saia esbravejando em busca do culpado: apenas respire e busque o referido mapeamento do processo em questão, revise sua leitura e inicie um coletivo debate desse erro...tudo sempre com base no processo!

E, após essa breve revisão acima... ;-)

Evolua para a gestão desse conhecimento e lance mão de uma nova cerimônia regular de sessões de aprendizado dos processos de negócio; a minha, eu batizei de "Escola Piloto de Processos de Negócio"!

É um trabalho, sim, de mentoria e fortemente patrocinado pela diretoria; com vários resultados positivos:

priorizar processos que requerem maior atenção,

manter amplo portifólio de processos de negócio atualizado,

apoiar o programa de formação de lideranças,

renovar representantes do "Grupo de Processos" e

promover a comunicação e a ampla cultura por processos.

A Escola Piloto de Processos de Negócio na empresa

Internamente, em minha empresa, funciona assim: em retrospectiva da semana anterior, busca-se eleger um **"Processo Em Foco"** por vez e, em torno dele, reunir interessados e colaboradores e revisar aderência e adequação das atividades, dos produtos de trabalho e situações/estados de transição (esses dois últimos, resultantes da execução das atividades). Tudo incrementalmente, até atingir plena e completa atualização de todo o conjunto; para, então, começar tudo de novo! ;-) A tal da melhoria, realmente, contínua: num intervalo de tempo maior (anual, por exemplo), é comum que processos estabelecidos sejam renomeados, divididos ou troquem de responsabilidade.

Otimizar processos durante 1 semana por vez é fácil, durante 1 mês também é fácil, porém persistir por anos e anos seguidos requer muita disciplina, um time muito coeso, em torno de uma bem-vinda cultura organizacional da gestão por processos!

Vale deixar claro que, certamente, alguns participantes desistirão ou terão ficado para trás, deixados de lado, ao longo desse caminho de excelência (qualquer semelhança ao mencionado "Caminho Dourado" não é mera coincidência, hehehe).

Como motivação, emita "**certificados de proficiência**": comece por cada processo publicado, treinado e testado em sua execução (desejamente, em atenção da "revisão por par"); evolua para a certificação da política organizacional, que agrega determinado conjunto de processos, para aqueles que tenham participado de todas etapas de aprendizado dos referidos processos; e, por fim, tente premiar aquele que consiga obter o reconhecimento da "**gestão integrada**", em completo entendimento de todas as políticas organizacionais...uau!

Acredito que você já tenha captado que, numa empresa verdadeiramente gerenciada por processos, tal evolução tem direta relação com o programa de promoção de recursos humanos por cargos e salários. Ou seja: quem tem poucos certificados de processos específicos, tende a ser um "auxiliar" ou "analista"; quem completa uma política organizacional e seu relativo conjunto de processos, tende a já ser um "analista sênior" ou "gerente"; e somente poucos chegarão ao atestado da gestão integrada, circulando com fluidez por todas as áreas de conhecimento da empresa: esses deverão ser os "gerentes gerais" ou representantes da alta gerência...embora eu prefira melhor chamá-los, em justificado orgulho, de "**champions**"!

A Escola Piloto de Processos de Negócio na web

Já está valendo e funciona assim:

- **dedicação exclusiva: 1 aluno/mês** (com agendamento de espera);
- tempo de imersão e evolução do aprendizado: **2 horas/semana** (4 aulas/mês);
- plano de estudo individual, montado a partir de primeira sessão gratuita de dúvidas e expectativas: me mande um **email**[48];
- valor acessível em atendimento personalizado: **a combinar** (de acordo com plano de estudo individual);
- **Google Classroom** como plataforma de apoio/ensino online;
- ao final, feedbacks e emissão do **certificado de conclusão**.

Nesse tipo de mentoria externa, eu acredito, de verdade!

Realmente, é o resultado de uma sincera reflexão pessoal...

Nenhum conteúdo está pré definido, pré formatado, inerte ou "engessado": tudo seguirá customizado, dinâmico e direcionado a cada cliente.

Pense, então, por exemplo, em quais objetivos e assuntos posso lhe ajudar, quais são suas inseguranças, necessidades e prioridades a resolver.

A proposta é aprendermos juntos e em parceria!

Disponível para todos, independente de suas empresas ou indústrias de atuação, penso que todo o conteúdo, aqui apresentado, ficará pleno e personalizado, numa abordagem complementar e individualizada, que me parece bem interessante.

O desejado resultado esperado é que você esteja **pronto!**

---

[48] mailto:claudiopires@claudiopires.com

Pontos-Chave

- "Processo em Foco".
- Sessões da Escola Piloto de Processos de Negócio.
- Certificados de Proficiência em Processo de Negócio.
- Certificados de Proficiência em Política Organizacional.
- Certificados de Proficiência em Gestão Integrada de Processos.
- Sessões online da Escola Piloto de Processos de Negócio.

O Reconhecimento do Sucesso em Processos

"Eu vim aqui só para lhe dizer que um novo dia está lá fora e está querendo te ver: viva! Está nascendo um outro amanhecer, já pode abrir a porta e ver a luz batendo em você. Abra as janelas, para ver o Sol brilhar, deixar a lágrima secar e viver a vida...sem medo de perder, para tudo acontecer, e ninguém entender porquê." - Rodrigo Suricato

Nossa qualidade é certificada. E a sua?

Muitos dizem ter qualidade...

Mas somente poucos estão, realmente, dispostos a expô-la à prova de auditores externos.

E, verdadeiramente, não há muito mistério...

Auditorias externas representam, simplesmente, um gentil convite para que consultores, comprovadamente experientes, avaliem e debatam, de maneira independente, seus resultados; em claro aprendizado.

Minha sugestão: abrace todas as mudanças propostas, como sinal de evolução de sua maturidade e capacidade; em respeito a seus clientes, numa atuação diferenciada e de excelência!

O planejamento de qualquer evento de auditoria externa tem a única pré-condição de se conhecer o modelo implementado; e a pós-condição desejada é a obtenção da acreditação do modelo auditado.

Assim, num "fluxo típico":

1. aprove o evento de auditoria;

2. prepare a avaliação oficial, reunindo as evidências desejadas;

3. participe da avaliação presencial e acompanhe as entrevistas;

4. apoie o fechamento administrativo do processo de acreditação.

Nesse capítulo, vai, então, minha receita "universal" (hehehe) de sucesso para qualquer auditoria externa! ;-)

Já passei por diferentes indústrias (alimentíceas, farmacêuticas, de tecnologia da informação, da saúde) e tenho certeza que há uma conceituação comum do que se espera na validação dos resultados...

Segue abaixo.

- **Modelar o negócio.**
- **Planejar a estratégia.**
- **Identificar os processos.**
- **Publicar os processos.**
- **Executar os processos.**
- **Treinar os processos.**
- **Monitorar os resultados.**
- **Acompanhar as não conformidades.**
- **Formar novos auditores internos.**
- **Debater as Lições Aprendidas.**

Processos, processos, processos: não desperdice essa oportunidade!

Em resumo: inicie com o debate executivo de alto nível, siga para uma objetiva gestão orientada por processos, monitore sempre qualquer execução e mantenha suas lideranças em aprimoramento e renovação!

O ambiente de trabalho fica, certamente, mais encantador e a qualidade segue vivenciada!

Do que já falamos sobre as avaliações da qualidade, sejam auditorias internas ou externas, em todas busca-se, simplesmente, evidenciar:

- que qualquer trabalho executado esteja baseado num **processo**,
- que qualquer funcionário esteja treinado nos **processos** em que atua,
- que exista formação acadêmica comprovada para a respectiva área de conhecimento do **processo**.

Garanta, de maneira previsível e controlada, que o trabalho seja feito no tempo correto, pela pessoa correta e da maneira correta. O colaborador faz, então, o que deve ser feito e não o que prefere ou escolhe fazer: funciona como uma característica de maturidade, como um real certificado de proficiência e comprometimento.

O conteúdo desse capítulo confirma, assim, o que já falamos: muitos não sabem quais resultados devem entregar e muitos também não sabem quais resultados devem cobrar!

Agora, monte sua estratégia para auditorias! Atualize os eventos em agendas e calendários, atualize a nomeação do Grupo de Processos e dos auditores internos, comunique os modelos dos documentos e as normas para aderência; e evolua continuamente, sempre!

Avaliação de Conhecimento dos Processos

Em preparação para auditorias, costumo repetir, ano após ano, o questionário que compartilho a seguir: basta colocar todas as perguntas num formulário online e disparar pelos e-mails de todos colaboradores da empresa.

Funciona! Gosto dessa abordagem, com perguntas genéricas e que traduzem narrativas comuns, observadas em auditores de diferentes modelos de capacidade e maturidade.

Espero, assim, que esse conteúdo lhe seja valioso.

1. Seu trabalho é baseado em processos?

O Reconhecimento do Sucesso em Processos

2. Cite alguns desses processos.

3. Cite ferramentas de apoio à execução desses processos?

4. Aonde a descrição de seu trabalho está documentada?

5. Você foi treinado para desempenhar os processos? Cite quais.

6. Cite outros treinamentos realizados pelas pessoas.

7. Aonde consultar evidências desses treinamentos?

8. A aderência aos processos é avaliada? Como?

9. Existem critérios para identificar desvios dos resultados esperados de seus processos? Cite alguns.

10. Aonde as ações de correção são documentadas?

11. Como os prazos para regularização são acompanhados?

12. Existe critério para o escalonamento de não conformidades não resolvidas? Quem é envolvido nessa escalada?

13. Aonde está documentado como conflitos são tratados e resolvidos?

14. Quais cerimônias apoiam os ciclos de melhoria? De quanto em quanto tempo se repetem?

15. O que você entende por gestão integrada?

16. Existem relatórios gerados mostrando os resultados obtidos? Que informações contém e quem as recebe?

17. Existe alguma análise de tendência desses resultados?

18. Como é feita a gestão dos riscos?

19. Cite exemplos de planos de contingência para riscos identificados?

20. Como seu trabalho está relacionado com riscos?

21. Cite exemplos de perdas identificadas na gestão do tempo?

22. Aonde encontrar a definição dos objetivos estratégicos da empresa?

23. Quais os principais documentos e registros gerados pelas atividades da Qualidade?

24. Cite alguns exemplos de inconsistências recentes.

25. Como essas inconsistências foram comunicadas?

26. Cite ferramentas de apoio à comunicação?

Teste de Conhecimento em Gerência da Qualidade

Outro teste aplicado, que aproxima Processos e Qualidade.

1. O seu processo é acompanhado pela Qualidade?

2. A atuação da Qualidade é independente e objetiva?

3. Existem critérios para identificar inconsistências?

4. Cite alguns exemplos desses critérios objetivos.

5. Cite alguns exemplos de inconsistências recentes.

6. Como a Qualidade acompanha a completa regularização de inconsistências?

7. Como a Qualidade acompanha outras mudanças comunicadas em requisições?

8. Como é feita a análise dos resultados acompanhados pela Qualidade?

9. Como a Gestão da Qualidade está relacionada com a Gestão de Riscos?

10. Como as atividades e o desempenho do seu processo podem ser melhorados através da atuação da Qualidade?

Pontos-Chave

- Plano de Auditorias Internas.
- Plano de Auditorias Externas.

Perguntas Frequentes

"A timidez é legal, mas a timidez pode te impedir de fazer todas as coisas que você gostaria na vida. Então, se há algo que você gostaria de experimentar, se há algo que você gostaria de experimentar, peça para mim e eu não vou lhe dizer não...eu jamais poderia." - The Smiths, *"Ask"*.

Do inglês, *"Frequently Asked Questions"* (**FAQ**), nesse capítulo, os próprios leitores conduzem a nova redação! ;-)

Tenho acumulado algumas perguntas de interessados, que serão, aqui, completamente respondidas, sem pressa, aplicadas à minha atuação diária, vivenciadas na empresa em que sou o CEO; ou seja, **todas as perguntas não são minhas e todas as respostas constituem exemplos e práticas reais.**

Observe que, agora, sua desejada contribuição se torna mais explícita: reflita, prontamente, sobre suas expectativas iniciais, acompanhe a elaboração de suas dúvidas complementares, ao longo dessa leitura, e comunique-se diretamente comigo...e indiretamente com os próximos leitores!

Sim, o **Formulário de Contato** estará sempre online, à sua espera, em *www.claudiopires.biz*.

Legal, não?!

Às perguntas e respostas...

- **Todos os processos foram mapeados?**
- **Se não, como foram selecionados os prioritários?**
- **Até qual nível foi feito o mapeamento?**
- **Houve envolvimento das áreas clientes?**
- **No mapeamento, houve um viés com foco no cliente?**

- **Os processos são desenhados com foco no cliente?**

Em primeiro instante, a Cadeia de Valor foi mapeada, como macroprocesso número 1.

A partir da Cadeia de Valor, foram identificadas as Áreas de Conhecimento ali presentes.

Para cada Área de Conhecimento, foram estrategicamente definidos os processos de negócio a mapear.

Sim, todos os processos definidos foram mapeados: é sabido, previamente, quantos processos pertencem a cada Área de Conhecimento.

Todos os processos definidos foram mapeados pelos próprios atores da respectiva Área de Conhecimento.

Cada mapeamento de processo deve sempre caber numa única folha A4 (formato textual) e cada atividade de processo deve, preferencialmente, ter sua respectiva descrição associada em tarefas.

Assim, não há níveis de mapeamento; apenas macroprocesso, processo e procedimentos da atividade de processo...a interação entre os processos é horizontal, sem verticalizações.

Quando todos processos parecem prontos, eles devem ser reavaliados "ao avesso", sob a perspectiva do cliente externo.

A cada ano, alguns processos podem ser renomeados, extintos, divididos, unificados, modificados ou criados; mas a maioria se mantém em natural evolução, pela coesão e responsabilidade atrelada à Cadeia de Valor e à respectiva Área de Conhecimento.

- **O mapeamento de processos seguiu alguma metodologia padronizada?**
- **Foi utilizado alguma norma (como ISO 9001)?**
- **Existem normas para os principais processos das áreas?**
- **Existe uma área dedicada a normas?**

Preferencialmente, nenhuma norma ou metodologia; ou seja, nenhuma limitação imposta. O mapeamento dos processos deve ser amigável, natural, em boa redação do Português, para ser percebido como uma ferramenta de apoio à execução, uma boa prática em excelência; jamais auferido de qualquer rigor acadêmico ou purismo de notações específicas ou proprietárias.

Existe, apenas, uma formatação do "template" (modelo para definição de processo) a ser seguida: com cabeçalho (formado pelos campos: sistema, cargos, procedimentos, modelos, ferramentas, comunicação, riscos, indicadores, produtos de trabalho), corpo (sequência de atividades de processo e resultados decorrentes das atividades de processo) e associação entre itens do cabeçalho e atividades do corpo ("adereços").

Acreditações externas, como a ISO 9001, servem para auditar a capacidade e a maturidade dos processos de negócio; jamais ditar sua criação.

É desejada, sim, uma área dedicada à Garantia e ao Controle da Qualidade, um "Escritório da Qualidade", que favoreça todo o sucesso dessa arquitetura, sua implantação e monitoração.

- **Os processos são padronizados globalmente ou são customizados para cada região?**

É desejado que os processos sejam padronizados globalmente, de modo a favorecer seu reuso (reutilização) por diferentes partes da empresa; daí o termo "processo padrão".

Processos padrão podem, sim, ser adaptados para condições locais ou regionais, em registros de "adaptação do processo padrão".

- **Existe alguma ferramenta padrão para mapeamento?**
- **Se sim, todos os colaboradores estão familiarizados com a ferramenta?**

Sim, sempre há de se eleger uma ferramenta padrão para tal finalidade.

Em nosso caso, escolhemos o MS Excel, pela existente familiaridade de todos com planilhas eletrônicas e ferramentas de produtividade da Microsoft; tal solução ainda nos poupou de custos extras com outras licenças de software ou treinamentos específicos.

Chegamos a experimentar, anteriormente, ferramentas visuais, orientadas ao desenho do fluxograma e suas formas geométricas associadas: obviamente atrativas, porém com maiores exigências na criação e na manutenção dos processos.

A "melhor" decisão sempre será guiada pelos objetivos a alcançar: agilidade?, colaboração?, controle?, estética? etc.

- **Onde e como os processos são armazenados, estruturados e divulgados?**
- **Existe uma padronização de nomenclatura e armazenamento para facilitar as buscas?**
- **Existe um mapa de processos? Conhecimento do que está ou não mapeado?**

Desenhe um grande círculo. No centro, registre seus valores de negócio. No perímetro, divida suas Áreas de Conhecimento. Estabeleça raias, entre cada Área de Conhecimento e o centro do círculo. Dentro de cada raia de Área de Conhecimento, enumere seus respectivos processos de negócio. Está aí: um simples infográfico, didático, que resume todo seu "mapa de processos", numa única folha A4...e tudo deve, sim, estar mapeado.

A guarda da documentação dos processos forma sua Biblioteca de Ativos Organizacionais e deve ser versionada em algum servidor de arquivos (interno ou externo à corporação).

Ambientes de teste (em desenvolvimento) e de produção (aprovados para uso) devem estar separados (fisicamente ou de maneira lógica).

Toda estrutura de repositórios, diretórios e arquivos deve, sim, seguir algum acordado padrão de nomeação, para desejada organização.

- **Como é feito o cascateamento para os demais funcionários, para garantir o envolvimento de todos?**

- Todas as áreas operacionais, com conhecimento específico, participaram ativamente do mapeamento dos processos e procedimentos operacionais?

- As pessoas têm liberdade para propor alterações nos processos? Se sim, existem critérios para aprovar as revisões, analisando benefícios como aumento da produtividade e redução de custos?

- Como é feito o workflow de validação dos processos desenhados?

Todos são convidados a colaborar: colaborar vale dinheiro em nossa empresa ("Colaboração Monetária").

Incrementalmente, a cada semana, é eleito algum "Processo em Foco", para atualização e otimização.

Checklists de Controle da Qualidade apoiam auto revisões e revisões em par.

Problemas de aderência aos processos mapeados e seus respectivos erros internos de execução, assim que capturados, são comunicados livremente em ambiente de intranet, mantendo o foco da redação no aprendizado coletivo (sem apontar culpados).

Regulares auditorias internas de rastreabilidade ("Escritório da Qualidade") coletam evidências e validam o fluxo desenhado.

- Existe uma equipe dedicada (ou de apoio) à gestão de processos, que executa e garante: atualização, desdobramentos, treinamento de equipe, acompanhamento de KPIs etc? Se sim, qual o dimensionamento dessa área?

- Onde está situada no organograma da sua empresa?

- Tem alguém responsável pelos processos (modelo descentralizado)? Como é desdobrado para as equipes?

Processos fazem parte da Cultura Organizacional; estão por toda parte, a todo momento.

Naturalmente, processos favorecem a formação de uma rede de especialistas, a "Prata da Casa", o conhecido "Grupo de Processos". Tal "Grupo de Processos" (representantes por Área de Conhecimento) não aparece no verticalizado Organograma da empresa, por sua atuação horizontal, que cruza todos setores e minimiza silos e hierarquias.

Já a Gestão de Resultados (KPIs) é um processo mapeado da Gerência da Qualidade.

- **Qual a periodicidade de revisão dos processos? É manual ou sistêmico, o alerta para revisão?**

O "Processo Em Foco", acima, é apenas um exemplo de todo um Processo de Gestão das Cerimônias, da área de conhecimento Gerência da Qualidade. Assim, diversos eventos, que disparam a execução de processos, são previamente cadastrados em lembretes automáticos, enviados diretamente aos e-mails dos interessados, em adequada frequência.

- **No caso de melhorias do processo, como são traçados os planos de ação para implementação?**

Seja "melhoria contínua" ou "incidente", tudo acaba em "Plano de Ação", a todo momento, numa cultura fortemente orientada a processos.

- **No caso de necessidade de investimento, como é realizado o aporte de recursos?**

- **A aprovação é anual ou existe uma verba pré aprovada (bolsão)?**

Viabilidade de Investimento (para decidir sobre oportunidades de negócio em perspectiva financeira) é apenas um dos exemplos de nosso "Processo de Gestão da Decisão", da área de conhecimento "Liderança", útil quando é necessário aplicar procedimentos formais sobre a melhor solução de um problema crítico (para que não existam dúvidas futuras sobre o cenário presente no momento da justificativa de escolha).

Outros exemplos, então, incluem: Viabilidade do Serviço (para decidir sobre operações e processos), Seleção de Fornecedores (para decidir sobre parcerias), Recursos Humanos (para decidir sobre capacidades dos times), Tecnologia (para decidir sobre aquisições de equipamentos e ferramentas) e Mudanças no Sistema da Qualidade (para decidir sobre planejamento de mudanças).

- Papeis e responsabilidades são revistos com alguma periodicidade?
- Como são alinhados e divulgados os papéis e responsabilidades?

Nosso "Processo de Gestão da Capacidade dos Times", em "Liderança", cuida desse mapeamento da ampla Base Organizacional de Competências e estabelece Planos de Trabalho, em orientação de cada equipe.

A mencionada "Gestão das Cerimônias" alerta, no tempo, para o momento planejado dessa necessária revisão e atualização.

Cada área de conhecimento contém, ainda, sua respectiva Política Organizacional, que garante diretrizes executivas de alinhamento entre direção da empresa e suas gerências.

- Existe indicador para medir a aderência dos processos? Se sim, como ele é calculado? Vocês possuem alguma meta?
- São realizadas auditorias para analisar a aderência dos indicadores?
- Como é a definição dos indicadores? Essa definição leva em consideração ou possui algum link com a estratégia da área?
- A necessidade de indicadores é revisada com periodicidade? Como é feita a divulgação dos indicadores?
- Os indicadores são utilizados para tomada de decisão ou para acompanhamento de desempenho?

Para verificar a aderência aos processos são realizadas auditorias internas.

Para avaliar o desempenho e os resultados dos processos são coletados e analisados indicadores.

Para cada objetivo estratégico de negócio deve haver, ao menos, um indicador de resultado associado.

Mensalmente, é, então, publicado um Relatório de Medição Organizacional, dos indicadores de desempenho associados aos objetivos estratégicos de negócio.

Tal Relatório de Medição Organizacional é debatido coletivamente, numa ampla reunião presencial, batizada, pelos funcionários, de "Reunião Mensal".

- Como são tratados os indicadores de SLA?
- Os SLAs são revisados para atender a realidade dos processos?

Níveis de serviço contratualizados com clientes são traduzidos em indicadores de desempenho e resultados, habitualmente monitorados em Relatório de Medição mensal.

Todo indicador é analisado com base em seu controle estatístico, representação gráfica, causa raiz ("5 Porquês") e planos de ação de melhoria.

- As exceções ao processo são identificadas e tratadas? Como?

Todo mapeamento de processo trata de seu fluxo típico, mas, também, sinaliza suas condições alternativas e de exceção: gasta-se muito mais tempo identificando e planejando tais ações de contorno e contingências ao fluxo ideal.

- Toda a Gestão de Processos roda através de sistemas? Se não, quais etapas dos processos são realizadas de forma manual?
- Existem etapas dos sistemas automatizadas ou robotizadas? Se sim, pode descrever quais já estão automatizadas ou robotizadas e quais estão sendo pensadas para o futuro?
- Existem manuais para ambientação dos sistemas aos novos colaboradores?

- **Existem perfis e delegação para utilização dos sistemas?**

O existente modelo para definição de processo garante campo obrigatório para nomear quaisquer ferramentas eletrônicas associadas à execução do processo sob mapeamento.

O objetivo do processo está no aprendizado e na evolução do negócio, sem pressa para sua automação (não automatize o erro).

Toda ferramenta eletrônica é considerada no Plano Geral de Dados, em segurança da informação, e requer treinamento em respectivo Roteiro de Uso.

Dos processos candidatos à próxima automação, temos: Processo de Gestão de Pessoas e Processo de Aquisição e Compras.

- **Todos os processos são automatizados? Se não, como é feita a seleção do que deve ser?**
- **Tem problemas com a despersonificação do atendimento automatizado?**

Poucos processos são automatizados.

Processos elegíveis à automação são processos de muita repetição e burocracia (como o mencionado exemplo da admissão e demissão de recursos humanos) ou processos de muito controle e intensivos no tempo (como o mencionado exemplo da cotação, equalização e compra comercial).

Processos menos objetivos e que requerem mais interpretação (como o exemplo do atendimento ao cliente) não são interessantes candidatos à automação.

O que ficou por ser dito?

"Eu penso em você e estou trabalhando em um sonho. Eu estou trabalhando em um sonho

e eu sei que vai ser nosso um dia. No nascer do sol, subo a escada. Um novo dia clareia e eu estou trabalhando em um sonho. Eu estou trabalhando em um sonho." - Bruce Springsteen

Prefiro deixar as considerações pessoais para o final.

Faz mais sentido para mim: iniciar diretamente pelo que importa e, então, concluirmos juntos se as expectativas foram alcançadas.

Esse livro nasceu, originalmente, de repetidos treinamentos corporativos internos: com uma abordagem bem sucinta, o aprendizado era, facilmente, transmitido; mas comecei a perceber oportunidades desperdiçadas pela falta de uma duração mais prolongada.

Inicialmente, pensei em escrever somente para meus funcionários, como uma extensão daquilo que nem sempre falava ou não registrava, para posterior evidência. E, talvez por isso, ainda não havia a motivação completa.

Participando de outros treinamentos, auditorias e convites, voltei a considerar que algumas de minhas abordagens peculiares poderiam ser sempre vistas como grandes bobagens ou, então, como uma sólida vivência e suas muitas cicatrizes...ficando sempre ao gosto ou crítica do público.

Nesses termos, aceitei, sim, o teste de avançar em mais transparência e melhor organização das ideias, sem considerar qualquer vaidade ou unanimidade.

Aproveitei um final de semana distante da família, para ingressar numa imersão de dedicada escrita. Tal como fui inspirado pela leitura de Ricardo Semler[49], em "Você Está Louco", a primeira versão desse livro foi toda escrita num projeto pessoal de final de semana: ininterruptos sábado e domingo! ;-)

Mas isso nada tem a ver com a quantidade final de páginas: o recado dado é o recado que vale à pena, sem maiores enrolações ou rodeios. Trata-se de um livro escrito por quem, realmente, faz sua gestão por processos. Penso num "banho de rua": sem maiores preocupações com as avaliações acadêmicas ou com os puristas de plantão.

Esse é um livro de nível gerencial, ou pré gerencial, pois, com dedicação e aderência ao conteúdo apresentado, é muito provável que ele lhe impulsione adiante, em especialização técnica ou em promoção executiva. É impensável desempenhar uma função numa empresa sem saber, claramente, como colaborar e como ela paga nossos salários. Afinal, as contas continuam a chegar para todos!

Espero, assim, ter conseguido me colocar no lugar da plateia e não no destaque do palco. Como são irritantes aquelas palestras nas quais os slides não explicam nada além do sucesso do próprio palestrante, não é?!

Por isso, tive o cuidado de nomear quase todos os capítulos como perguntas, como dúvidas que alguém já me questionou ou acredito que poderá vir a fazer.

Infelizmente, gestão por processos (tal como gestão da qualidade, liderança etc) virou tema que muitos "conseguem" dar aula, bastando se manter na superfície, sem afundar muito a cabeça e nadando como um cachorrinho. Oops, sem desabafos, hehehe!

Um último recado, para mim e para você: faça, entregue, apronte; porque alguém vai te criticar de qualquer jeito...

---

[49] https://pt.wikipedia.org/wiki/Ricardo_Semler

Da Automação de Processos de Negócio

Sim, apesar de saber que "uma empresa sem software é uma empresa sem negócio", não falamos da automação!

Indo além, acredito que o processo é o software e **uma empresa sem processo não é uma empresa**...

Por ora, me desculpem: para esse tema, automação de processos de negócio, já teria que ser outro livro.

E eu, mesmo, também tenho que praticá-lo bem mais...

Meu natural entendimento é o de seguir com o mapeamento estático do processo para o desenho de um sistema ou aplicativo, codificado em alguma linguagem de programação, para uma desejada solução customizada da estratégia de negócio a resolver.

Cheguei a inaugurar algumas iniciativas nesse sentido, em versões ainda simplificadas...

Eventualmente, tal sistema pode, ainda, ser disponibilizado como um serviço ("SaaS[50]") na web, para atingir mais usuários com interesses comuns.

Entretanto, tal desenvolvimento "sob medida" (tal como um alfaiate) é sempre muito caro, não se iluda: tem que, realmente, valer à pena o investimento de tempo e de dinheiro até o amadurecimento do completo resultado esperado.

Outra abordagem, no caso daqueles que utilizam alguma ferramenta eletrônica para a definição dos processos, seria a de realizar tal transformação, da modelagem para a automação, com algum recurso de um mesmo sistema integrado: a solução do Bizagi[51] me parece, assim, bem bacana!

---

[50] https://pt.wikipedia.org/wiki/Software_como_serviço
[51] https://www.bizagi.com/pt/produtos/automacao-de-processos

De qualquer modo, o que mais me incomoda, com relação ao uso geral da gestão por processos, não é a falta de automação, mas a falta de estratégia!

É muito mais comum perceber processos sendo desenhados como uma documentação, burocrática e sem fim, sem qualquer alinhamento com objetivos da empresa ou de alguma unidade de trabalho.

E disso, sim, trata e orienta esse livro!

Da Gestão Itinerante

Em japonês, eles chamam de "Gemba[52]".

Na canção de Milton Nascimento, "todo artista tem de ir aonde o povo está".

E, em gestão, isso também se aplica: o responsável tem que seguir, fisicamente, pelo fluxo do processo; tem que estar presente onde os produtos de trabalho são gerados.

Tal como numa "diretoria itinerante", onde sua mesa de trabalho não é mais fixa e você, então, se senta, a cada nova semana, em um setor diferente da empresa.

Acredite: isso faz muita diferença!

Não tente resolver seus problemas de capacidade, de entregas etc só pelo que ouviu falar, pelo que te contaram: vá até lá...e vá regularmente.

No maravilhoso texto de Amyr Klink[53], "Um homem precisa viajar. Por sua conta, não por meio de histórias, imagens, livros ou TV. Precisa viajar por si, com seus olhos e pés, para entender o que é seu. Para um dia plantar as suas árvores e dar-lhes valor. Conhecer o frio para desfrutar o calor. E o oposto. Sentir a distância e o

---

[52]https://en.wikipedia.org/wiki/Gemba
[53]http://a.co/d/ha2jEPd

desabrigo para estar bem sob o próprio teto. Um homem precisa viajar para lugares que não conhece para quebrar essa arrogância que nos faz ver o mundo como o imaginamos, e não simplesmente como é ou pode ser; que nos faz professores e doutores do que não vimos, quando deveríamos ser alunos, e simplesmente ir ver".

Onde a gente se encontra?

"Já fazem anos desde que falaram para ela sobre a escuridão que seu corpo possuía. E as cicatrizes ainda estão lá, no espelho, todo dia que ela se veste. Mas a dor agora está a milhas e milhas para trás. E o medo é apenas uma fera dócil. Se você a perguntar por que ela ainda corre, ela te dirá que isso a completa: eu corro pela esperança, eu corro para sentir, eu corro pela verdade, por tudo que é real; eu corro por sua mãe, sua irmã, sua mulher; eu corro por você e por mim, meu amigo...eu corro pela vida. É uma mancha desde que me falaram sobre como a escuridão também me cobrou sua taxa. E, então, eles cortaram a minha pele e eles cortaram o meu corpo, mas eles nunca vão ter um pedaço da minha alma. E agora eu ainda estou aprendendo a lição. Para despertar quando eu ouvir o chamado. E se você me perguntar por que eu ainda corro, eu vou te dizer que eu vou por todos nós! Eu corro pela esperança, eu corro para sentir, eu corro pela verdade, por tudo que é real; eu corro por sua mãe, sua irmã, sua mulher, sua filha; eu corro por você e por mim, meu amigo...eu corro pela vida. E algum dia se eles te falarem também sobre isso, se a escuridão bater à sua porta, lembre-se dela, lembre-se de mim, nós vamos estar correndo, como sempre estivemos antes, correndo por respostas, correndo por mais."
- Melissa Etheridge

Da série Gestão Na Prática

A cada exemplar, menos importa a ordem de escrita ou de leitura: a publicação de um novo livro complementa e avança uma mesma série, que traz, sempre em comum, o aprendizado da **gestão na prática**.

É uma proposta de melhoria contínua, de riscos e oportunidades, de estratégia e de avaliação do desempenho: tanto para o autor, como para o leitor.

A gente começa a partir de qualquer volume ou tema de interesse e, aos poucos, vai compondo nosso próprio **percurso**: incorporando as lições aprendidas e evoluindo para novos desafios.

Hoje, são 3 títulos:

• "**Gestão Por Processos Na Prática**: por onde começar sua cultura de processos de negócio" – **livro 1** da série Gestão Na Prática.

• "**Gestão de Negócios**: MBA Na Prática; como organizar sua empresa em 100 dias" – **livro 2** da série Gestão Na Prática.

• "**Uma Gestão Por Objetivos**: OKRs e KPIs Na Prática; controle e acelere os avanços de seu negócio" – **livro 3** da série Gestão Na Prática.

Todos os livros têm suas comercializações concentradas (não exclusivas) na Amazon[54]: em formatos de eBook Kindle e versão impressa (compre direto do autor em loja do Mercado Shops[55]). Tenho, ainda, ampliado divulgações em formato de áudio (**audiolivros** por diversas plataformas) e em traduções para outros **idiomas** (preferencialmente, espanhol e inglês). E, para cada livro, planejo um respectivo curso na CPBiz Escola de Negócios[56] (ensino à distância, ensino presencial, treinamentos *in-company*, webinars, consultoria e mentoria...**entre em contato**).

Essa série representa publicações independentes, sem o envolvimento de uma editora estabelecida: do termo "*indie author*" ("*independent author*"). Assim, todos os custos, diretos ou indiretos, são sustentados pelo próprio autor.

---

[54]https://www.amazon.com.br/kindle-dbs/entity/author?asin=B001JY6EFG
[55]https://cpbiz.mercadoshops.com.br/
[56]https://www.linkedin.com/company/cpbiz-escola-de-neg%C3%B3cios/?viewAsMember=true

Não se trata da incapacidade de encontrar alguma editora, que se interesse e faça investimentos; vale mais como uma escolha pela **liberdade** editorial: publico, integralmente, a minha verdade.

Partindo, então, do princípio de uma redação com estilo próprio e respeitosa aderência gramatical, o maior problema dos livros autopublicados reside no fato de que esses livros são mais raros de obter reconhecimento e são mais difíceis de se achar.

Por isso, **seu comentário faz toda a diferença**: se puder, retorne, sim, sua avaliação e suas impressões, em livre divulgação por redes sociais e plataformas de leitura (**principalmente, na Amazon**).

Essa é **uma grande revolução a valorizar**!

Sobre o autor

É estranho encerrar um livro sem ter, minimamente, me apresentado: segue, assim, um breve mini currículo, de maneira respeitosa e rápida...

Sou gestor de negócios em saúde e CEO do Fonte Medicina Diagnóstica, com MBA em Gerenciamento de Projetos e Engenharia Química como formação acadêmica. Acumulo experiência de gestão como líder técnico, arquiteto de soluções e consultor de processos. Possuo 10 certificações de licenças profissionais, nacionais e internacionais, em governança corporativa, desenvolvimento de negócios, gerência geral e tecnologia. Mantenho uma atuação pelo alinhamento estratégico, formação de times de alto desempenho e foco em qualidade. No dia a dia, sou um agente da mudança organizacional, com habilidades de negociação com diversas partes interessadas, em prévias vivências na área industrial e no desenvolvimento de softwares, agregadas à atual direção das operações. Com meus livros, busco, também, agregar valor à marca da empresa como autor.

Nosso "**ponto de encontro**", para compartilhar "*tudo do que existe fisicamente, a totalidade do espaço e tempo e todas as formas de matéria, incluindo todos os planetas, estrelas, galáxias e os componentes do espaço intergaláctico*" de autor, instrutor e consultor é no LinkedIn[57]: tudo aponta para lá e todas informações úteis seguem por lá!

Será um prazer receber seu pedido de conexão, em meu perfil profissional (https://www.linkedin.com/in/cpbiz/) ou no perfil da empresa CPBiz Escola de Negócios[58].

Todo início de mês, comunico avanços consolidados e próximos planejamentos, em mala direta a assinantes de minha newsletter "**Um problema, um café e um bolo**"!

Reforço, ainda, minha plena disponibilidade para contatos diretos: **me mande um e-mail** para claudiopires@claudiopires.com.

Tendo chegado até aqui, só tenho a agradecer todo seu tempo e atenção e desejar uma ótima prática!

De maneira sincera e cordial, sigo à disposição e registro meu **muito obrigado**!

---

[57] https://www.linkedin.com/in/cpbiz/
[58] https://www.linkedin.com/company/cpbiz-escola-de-neg%C3%B3cios/

www.ingramcontent.com/pod-product-compliance
Lightning Source LLC
Chambersburg PA
CBHW071927210526
45479CB00002B/581